BLAUE
REIHE

Aus der BLAUEN REIHE empfehlen wir:

Professionelles Fördermittelmanagement
Praxishandbuch für mehr Wirkung und Effizienz
ISBN: 978-3-8029-5424-5

Krisenfestigkeit sozialwirtschaftlicher Unternehmen
Befunde und Empfehlungen für ein nachhaltiges Risikomanagement
ISBN: 978-3-8029-5499-3

Finanzierung von Organisationen der Sozialwirtschaft
Finanzierungsströme – Finanzgeber – Verhandlungsstrategien
ISBN: 978-3-8029-5451-1

Iris Lederer

SICHTBAR WERDEN! PR-STRATEGIEN UND TIPPS FÜR SOZIALE ORGANISATIONEN, VEREINE UND UNTERNEHMEN

Handbuch für die tägliche Praxis

WALHALLA

Bibliografische Information der Deutschen Nationalbibliothek
Die Deutsche Nationalbibliothek verzeichnet diese Publikation in der Deutschen Nationalbibliografie; detaillierte bibliografische Daten sind im Internet über http://dnb.dnb.de abrufbar.

Zitiervorschlag:

Lederer, Iris (2025): Sichtbar werden! PR-Strategien und Tipps für soziale Organisationen, Vereine und Unternehmen, Walhalla Fachverlag, Regensburg

Weitere Infos zur BLAUEN REIHE finden Sie unter: www.fokus-sozialmanagement.de

Walhalla Mediengruppe
WALHALLA – eine Marke der Walhalla Mediengruppe

Bearbeitungsstand: August 2025

Kontakt bei Fragen zur Produktsicherheit:
Walhalla u. Praetoria Verlag GmbH & Co. KG, Haus an der Eisernen Brücke, 93042 Regensburg, E-Mail: produktsicherheit@walhalla.de, Telefon: 0941 5684-0

Produktion: Walhalla Mediengruppe, Regensburg
Umschlaggestaltung: grubergrafik, Augsburg
Printed in Germany
ISBN 978-3-8029-5426-9

Zur Walhalla Mediengruppe gehören die Marken WALHALLA, Deichmann+Fuchs, metropolitan und Annual Multimedia Award.

Gesamtinhaltsverzeichnis

Abbildungsverzeichnis

Abkürzungsverzeichnis

AGB	Allgemeine Geschäftsbedinungen
Abs.	Absatz
Art.	Artikel
AG	Aktiengesellschaft
bspw.	beispielsweise
bzgl.	bezüglich
bzw.	beziehungsweise
d. h.	das heißt
DSGVO	Datenschutz-Grundverordnung
DZI	Deutsches Zentralinstitut für soziale Fragen
e. V.	eingetragener Verein
etc.	et cetera
GEMA	Gesellschaft für musikalische Aufführungs- und mechanische Vervielfältigungsrechte
ggf.	gegebenenfalls
GmbH	Gesellschaft mit beschränkter Haftung
inkl.	Inklusive
MwSt.	Mehrwertsteuer
o. Ä.	oder Ähnliches
S.	Seite
TTDSG	Telekommunikation-Telemedien-Datenschutz-Gesetz
u. a.	unter anderem
u. Ä.	und Ähnliches
UrhG	Urheberrechtsgesetz
usw.	und so weiter
vgl.	vergleiche
z. B.	zum Beispiel
zzgl.	zuzüglich

Vorwort

Durch Zufall kam ich vor einigen Jahren zur Diakonie im Nürnberger Land und Neumarkt, um den Bereich Presse- und Öffentlichkeitsarbeit (PR; englisch: Public Relations) „ein bisschen" zu unterstützen. Eine Bekannte einer Bekannten hatte mich gefragt, ob ich mir das nicht mal „anschauen" wolle. Zu Beginn arbeitete ich lediglich einige wenige Stunden im Monat und bekam nach und nach Einblick in die Tätigkeitsfelder dieses Diakonischen Werkes. Ich hatte bis zu diesem Zeitpunkt keine Ahnung, dass die Aufgabenbereiche in der Sozialen Arbeit so vielfältig sind. Mir waren nur regelmäßig die Fahrzeuge des ambulanten Pflegedienstes mit dem Aufdruck „Diakonie" aufgefallen, die auf den Straßen meines Landkreises unterwegs waren.

Ich wusste damals noch nicht, dass die Diakonie auch in der Erziehungs- und Jugend-, Sucht- und Flüchtlingsberatung aktiv ist, dass sie über diverse Angebote psychisch kranken Menschen Struktur und Halt gibt, dass sie wohnungslose Menschen aufsucht und ihnen hilft, dass sie eine Tafel unterhält, mehrere Seniorenheime betreibt und vieles mehr.

Wenn ich das nicht wusste, dann wussten das mit Sicherheit auch viele Menschen in der Region nicht! Zum Glück stieß ich mit meiner Rückmeldung auf Ebene der Geschäftsführung auf offene Ohren und so begann ich – in Koordination mit dem Team –, die Presse- und Öffentlichkeitsarbeit kontinuierlich auf- und auszubauen. Ich bin davon überzeugt, dass die Aufgaben und Leistungen vieler kleinerer sozialer und karitativer Organisationen und Unternehmen nicht wirklich in der Öffentlichkeit wahrgenommen und deshalb auch entsprechend wenig beachtet werden. Dies war der Antrieb für mich, diesen Ratgeber mit dem WALHALLA-Fachverlag und meiner Lektorin Isabel Krieger zu schreiben und zu veröffentlichen.

Denn die Tätigkeiten von sozialen Organisationen sind zwar gesellschaftlich und sozial unbezahlbar und auch erwünscht – doch die Ausgaben und Aufgaben müssen auch (re) finanziert werden! Eine strukturierte und vor allem regelmäßige Presse- und Öffentlichkeitsarbeit kann entscheidend dazu beitragen, die vielfältigen Themen und Bedarfslagen der Sozialen Arbeit sichtbar zu machen. Sowohl aus der Perspektive der Organisation wie der der Klientinnen und Klienten.

Wie? Das steht in diesem Buch!

Reichenschwand, Juli 2025

Iris Lederer

Genderhinweis: Allein aus Gründen der besseren Lesbarkeit wird auf die gleichzeitige Verwendung männlicher, weiblicher und diverser Sprachformen verzichtet. Sämtliche Personenbezeichnungen gelten für alle Geschlechter.

Einleitung: Sichtbar werden – oder „Tue Gutes und rede darüber!"

„Presse und Öffentlichkeitsarbeit? Das brauchen wir nicht!" Das ist oft der erste Reflex in sozialen Organisationen und Unternehmen, wenn das Thema „Public Relations" angesprochen wird. Presse- und Öffentlichkeitsarbeit wird meist mit großen Wirtschaftsunternehmen assoziiert, die eigene Kommunikationsabteilungen und Pressestellen unterhalten, die dafür sorgen, dass ihre Aktivitäten positiv in der Öffentlichkeit und den Medien dargestellt werden.

Doch Presse- und Öffentlichkeitsarbeit ist gerade für kleinere soziale Organisationen, für Vereine und Sozialunternehmen essenziell und möglich – auch mit kleinem Budget. Denn sie macht sichtbar. Und genau das benötigen sie als Teil einer der größten Branchen in Deutschland. Mehr Sichtbarkeit!

Abbildung 1: adidas-Sportevent (Foto: adidas / Marvin Ibo Güngör)

Definition „Sozialwirtschaft"

Unter „Sozialwirtschaft" versteht man in Deutschland die Produktion von sozialen Dienstleistungen durch sozialwirtschaftliche Organisationen, mit dem Zweck, individuelle und kollektive Wohlfahrt zu erreichen. Sozialwirtschaft gibt es in den Formen: öffentliche Trägerschaft (durch den Staat selbst), gemeinschaftliche Selbstversorgung / Genossenschaften, freigemeinnützige (Wohlfahrtsverbände) oder privat-gewerbliche Trägerschaft *(Quelle: Euroinstitut)*. Die Sozialwirtschaft zählt zu den größten Wirtschaftsbereichen in Deutschland. Allein die sozialen Einrichtungen und Dienste, die den sechs Spitzenverbänden der Freien Wohlfahrtspflege zugehören, beschäftigen mit insgesamt 1,5 Millionen Menschen knapp vier Prozent aller Erwerbspersonen bundesweit.

Ein großer Sektor

Soziale Organisationen und Unternehmen tun viel Gutes. Sie nehmen dem Staat Aufgaben der Fürsorge ab und werden dafür entlohnt, über Entgelte, Pauschalen, etc. Sie versorgen Menschen von der Geburt bis ins hohe Alter. Sie begleiten, integrieren, unterstützen, versorgen und bilden Menschen aus. Doch sie werden häufig nicht oder zu wenig wahrgenommen. Ihre Dienste und die Menschen, die sie erbringen, sind „selbstverständlich". Viele Beschäftigte in der Sozialen Arbeit engagieren sich mit großer persönlicher Leidenschaft und sehen oft gar nicht, warum sie darüber reden sollten. „Die Hauptsache ist doch, dass wir die Menschen, die uns aufsuchen oder zu denen wir gehen, professionell und zugewandt beraten, ihnen Unterstützung in Krisensituationen geben, sie liebevoll pflegen, für sie da sind ...", höre ich oft.

Unabhängige Einnahmequellen notwendig

All das ist richtig und in einer idealen Welt wäre es auch genug. Doch ein Blick auf die Nachrichten genügt, um zu wissen, dass das Geld im deutschen Finanzhaushalt knapper wird und dass Kürzungen im sozialen Sektor kein Tabu mehr sind. Es gehört nicht viel Fantasie dazu, um sich auszumalen, dass die Budgets in den nächsten Jahren weiter gestrafft werden und damit z. B. Beratungsstellen um ihre Finanzierung bangen müssen.

Das bedeutet: Soziale Organisationen und Unternehmen benötigen schon jetzt, aber mit Sicherheit in naher Zukunft, zunehmend unabhängige Einnahmequellen, um ihre wichtige und sinnstiftende Arbeit aufrechtzuerhalten. Dieses Geld kann z. B. über Spenden von Einzelpersonen oder Zuwendungen von Unternehmen oder Stiftungen kommen. Doch damit potenzielle Unterstützende daran interessiert sind, Angebote zu fördern, müssen sie diese erst einmal kennen. Und sie müssen wissen, wofür die soziale Organisation steht, was sie von anderen unterscheidet, welche Aufgaben sie ausübt, welchen Menschen sie hilft und wofür konkret sie die Unterstützung benötigt.

Diese Kommunikation leistet die Presse- und Öffentlichkeitsarbeit. Durch sie können Menschen ermutigt werden, die eigene Organisation finanziell, aber auch durch Sachspenden oder „Man- bzw. Woman Power" zu unterstützen.

Doch auch aus guten anderen Gründen ist Presse- und Öffentlichkeitsarbeit für jede soziale Organisation wichtig – Stichwort „Fachkräftemangel". Gerade in den sozialen Berufen wächst die Lücke zwischen Angebot und Nachfrage seit Jahren. Die Presse- und Öffentlichkeitsarbeit kann Einblick in den zukünftigen Arbeitsplatz geben, das Team und die Organisation vorstellen und grundsätzlich „Bock darauf machen, hier zu arbeiten!". PR für die eigene Organisation dient auch hier einem guten Zweck: Ziel ist es nämlich, die Handlungsfähigkeit der Organisation und damit auch ihre Angebote und Dienstleistungen zu erhalten.

PR im Kontext des Sozialen

Dieses Buch zeigt auf praxisnahe Art, was Presse- und Öffentlichkeitsarbeit ist, wie sie funktioniert, was sie umfasst, welche Besonderheiten sie im sozialen Kontext hat und wie jede soziale Organisation – egal, wie klein oder groß – PR professionell angehen und konkret umsetzen kann. Hierzu gibt es klar gegliederte, leicht verständliche Informationen, Checklisten und Praxistipps. Auch größere Organisationen, die ihren Presse- und Öffentlichkeitsbereich ausbauen wollen, werden in der Publikation wertvolle Tipps finden.

Presse- und Öffentlichkeitsarbeit macht zudem wirklich Spaß! Es ist äußerst befriedigend, über gute Public Relations neue Finanzmittel, neue Fachkräfte, neue Klienten zu finden, die die soziale Organisation gut aufgestellt in die Zukunft blicken lassen, oder wichtige Dienste, die von der Schließung bedroht sind, weiterführen zu können. Denn ohne Soziale Arbeit geht es nicht!

Tipp: „Anfangen!" Es ist nicht notwendig, von Anfang an alle Möglichkeiten und Kanäle, die die Presse- und Öffentlichkeitsarbeit bietet, auszuschöpfen oder um jedes Wort und Foto tagelang zu ringen!

1. Was ist eigentlich Presse- und Öffentlichkeitsarbeit bzw. PR?

Die Schnittstellen von Presse- und Öffentlichkeitsarbeit oder „Public Relations", die verfügbaren Kommunikationsmittel und ihr Unterschied zur Werbung sind häufig nicht klar definiert. Auf den folgenden Seiten wird dieser Themenbereich ausführlich beleuchtet und die Unterschiede werden verständlich erklärt.

1.1 Definition

Laut der Bundeszentrale für politische Bildung bezeichnet **Public Relations (PR)**

> **„die professionelle Kommunikation von Unternehmen, Organisationen, Behörden etc. gegenüber der gesamten oder Teilen der Öffentlichkeit."**

Wichtige Ziele der PR sind, die Bekanntheit von Organisationen zu steigern, zentrale Informationen zu vermitteln, Vertrauen aufzubauen und Reputation zu schaffen *(vgl. Schubert/Klein (2012): Das Politiklexikon.).*

„Öffentliche" Beziehungen

Was bedeutet das in der Praxis und für die Praxis einer sozialen Organisation? Alles, was wir intern oder extern kommunizieren, ist in einer Weise PR, denn Public Relations bedeutet wörtlich übersetzt so viel wie „Öffentliche Beziehungen". Damit wird klar, dass Presse- und Öffentlichkeitsarbeit weitaus mehr umfasst als die berühmte Pressemitteilung (PM), die aus irgendeinem Anlass an die regionalen Medien gesendet wird. Sie umfasst alles, was ein Unternehmen kommuniziert. Denn jedes Detail, jede Mitteilung, die innerhalb oder außerhalb des Unternehmens verbreitet wird, trägt zum Bild der sozialen Organisation bei!

Ein häufiges Missverständnis bzw. eine falsche Deutung von PR ist, dass es sich dabei vor allem um medienorientierte Kommunikation handelt wie etwa eine Pressemitteilung für eine Veranstaltung oder ein Jubiläum. Tatsächlich greift PR jedoch viel weiter: Sie beginnt im Inneren der Organisation, bei der Kommunikation mit den Mitarbeitenden, und umfasst alle öffentlichen Beziehungen inklusive des Dienstleistungsprozesses vom ersten Kontakt mit dem Kunden/Klienten bis zum Ende der Beziehung.

PR als Managementinstrument

PR ist also ein wichtiges Managementinstrument. Insbesondere für die Organisation selbst. Denn sie trägt dazu bei, den Mitarbeitenden ein positives und transparentes Bild des eigenen Unternehmens zu vermitteln, und fördert somit zugleich das Vertrauen in die eigene Organisation. Sie signalisiert, wo die Führung welche Prioritäten setzt: „Wir stehen für eine offene und transparente Kommunikation mit unseren Mitarbeitenden."

PR ist Information

In der Kommunikation mit den Mitarbeitenden dient PR vor allem der Information, z. B. über Aushänge am berühmten „Schwarzen Brett". Ob diese physisch oder digital über einen Screen oder das Intranet mit den Mitarbeitenden geteilt werden, ist zweitrangig. Jede Form der Information, die den Mitarbeitenden hilft, sich zu orientieren, oder sie über aktuelle Entwicklungen informiert, ist wichtig und Teil der Beziehung zum Unternehmen.

Abbildung 2: Aushang „Begrüßung neue Mitarbeitende" (Quelle: eigene Darstellung)

Wertschätzung zeigen

Führungskommunikation bedeutet auch: Wertschätzung zeigen. Grüße der Geschäftsführung / des Vorstandes zum Geburtstag der Mitarbeitenden mit einer nett gestalteten Karte oder einem Schreiben mögen als „Ritual" zunächst wie eine Kleinigkeit erscheinen und sind doch ein starkes Zeichen der Wertschätzung. Denn es sagt aus, dass das Unternehmen seine Mitarbeitenden auch als Individuen wahrnimmt und nicht nur als Arbeitskräfte.

Wertschätzung stärkt die **Identifikation** mit der Organisation, im Fachbegriff „**Corporate Identity**". PR sorgt also auch für gelebte Wertschätzung, die sich in der Unternehmenskultur widerspiegelt und sich langfristig auf die Stimmung in der Belegschaft und idealerweise auch auf das Ansehen der Organisation auswirkt. Und wenn es aus Umweltgründen schon keine Karte ist, so sollte die Geschäftsführung oder Bereichsleitung dem Geburtstagskind oder Jubilar zumindest eine nette und vor allem persönliche E-Mail senden!

Stärkung der Organisation

Auch T-Shirts oder Hoodies im Design der Organisation, die Mitarbeitende bei einem Teamevent oder privat tragen, sind Teil der Corporate Identity und als PR-Maßnahme durchaus sinnvoll. Denn sind die Shirts nett gestaltet und haben einen pfiffigen Slogan, fördern sie nicht nur visuell die Gemeinschaft oder das „Commitment", sondern haben auch eine Außenwirkung: Die Mitarbeitenden dieser sozialen Organisation fühlen sich als Team. Das stärkt die Gemeinschaft (wenn das Tragen freiwillig erfolgt). Gleichzeitig lautet das Signal nach außen: Hier versteht man sich. Hier herrscht ein guter Spirit!

(Fast) jedes Wort zählt

Auch jede E-Mail, die an Behörden, Stadtverwaltungen oder an Kunden verschickt wird, ist ein Element der PR. Denn auch das **Corporate Wording** nach außen prägt das Bild der Organisation, mehr als manchmal vermutet wird. Durch die Wortwahl und die Sorgfalt, die in der Kommunikation stecken, wird eine Organisation als zuverlässig und vertrauenswürdig oder – im Gegenteil – als wenig professionell wahrgenommen. Dasselbe gilt für die Webseite, Flyer, Newsletter und viele andere Kommunikationsmittel. Sie alle können die Glaubwürdigkeit einer Organisation stärken oder schwächen. Selbst ein Gespräch unter Mitarbeitenden über den Arbeitgeber in einem Café oder an einem anderen öffentlichen Ort kann PR sein. Denn spricht eine Pflegekraft oder die Leitung einer Kindertagesstätte positiv über ihre Erfahrungen in und mit der Organisation, prägt auch dies das Bild in der Öffentlichkeit. Sie wird damit nicht nur durch offizielle

Statements, sondern auch durch persönliche und authentische Berichte und Erlebnisse der Mitarbeitenden wahrgenommen.

Außenwirkung

Ein sehr wirksames Mittel der PR in der Öffentlichkeit ist die Beschriftung von Dienstfahrzeugen. Wenn Pflegekräfte in einem attraktiv gestalteten Fahrzeug, das das Unternehmenslogo und vielleicht ein griffiger Slogan ziert, zu ihren Klienten unterwegs sind, wird das Unternehmen an jedem Ort wahrgenommen, den die Mitarbeitenden ansteuern. Zugleich zeigt dies potenziellen Kunden und der Öffentlichkeit, dass die Organisation vor Ort bei den Menschen ist und zu ihrem sozialen Auftrag steht. Und natürlich ist es auch Werbung für die Angebote und sozialen Dienstleistungen der Organisation, deren Portfolio – wie ich eingangs schrieb – oft gar nicht bekannt ist.

Abbildung 3: Beispiel „Fahrzeug Ambulante Pflege Diakonie" (Foto: Iris Lederer)

Präsenz und soziale Verantwortung

Die Teilnahme an einschlägigen Fachveranstaltungen wie Jobmessen und Ausbildungsbörsen oder Vorträge in Schulen, bei Elternabenden sowie Sportevents ist ein wesentlicher Bestandteil der PR-Arbeit von sozialen Organisationen. Eine Organisation, die auf diesen Plattformen präsent ist, spricht nicht nur potenzielle Mitarbeitende an, sondern zeigt auch Verantwortung für die berufliche Bildung und für soziale Teilhabe. Jede Präsenz ist eine Maßnahme, um die soziale Organisation als engagierten und attraktiven Arbeitgeber bekannt zu machen. Dafür braucht es nicht unbedingt einen großen Messestand oder einen ausgefeilten Auftritt, der schnell ein großes Loch ins PR- bzw. Werbebudget reißt. Es gibt oft vielfältige Möglichkeiten der Teilnahme. Eine rechtzeitige Kontaktaufnahme mit dem Veranstalter lohnt sich!

Agenda-Setting

Agenda-Setting (Agenda bedeutet etwas freier übersetzt „Was zu tun ist"; lat. „agere" bedeutet „handeln") ist für soziale Organisationen ein lohnender Kommunikationsansatz, der versucht, die öffentliche/mediale Diskussion/Aufmerksamkeit auf bestimmte Themen zu lenken, für die sich die sozialen Organisationen einsetzen, bspw. Armut zu lindern, Obdachlosigkeit zu vermeiden und Menschen mit Behinderungen zu integrieren.

Die Forderungen im Rahmen des Agenda-Settings sind fast immer gesellschaftlicher bzw. gesellschafts- und sozialpolitischer Natur. Agenda-Setting ist damit Teil des Anspruchs der Organisationen, mit sozialer Arbeit nicht nur Menschen zu helfen, sondern auch Werte und Einstellungen zu verändern und die Gesellschaft somit besser und sozialer zu machen.

Sehr aktiv im Thematisieren von sozialen Schieflagen ist bspw. der VdK Deutschland. Kaum ein Tag vergeht, ohne dass sich der Verband zu aktuellen sozialpolitischen Themen äußert. Das hat auch einen guten Grund: vertritt der VdK als größter deutscher Sozialverband doch die Interessen von 2,3 Millionen Menschen, insbesondere Kriegsversehrten und Rentnerinnen und Rentnern. Beispiel für Agenda-Setting: https://www.vdk.de/presse/pressemitteilung/bentele-zum-armutsbericht-von-armut-betroffene-menschen-leiden-am-staerksten-unter-den-krisen/

Auch im Kontext der Öffentlichkeitsarbeit kleinerer sozialer Organisationen ist Agenda-Setting ein kluger Ansatz, um für die Ziele und Zwecke der Organisation vor Ort zu werben und damit Aufmerksamkeit und Unterstützende zu gewinnen. Entweder können Themen der Dachorganisation mit eigenen Beispielen aus der Region belegt (z. B. Armut vor Ort) oder eigene Themenschwerpunkte (z. B. Thema „Alkoholsucht", regionales Beispiel: Ausbau der Suchtberatung vor Ort) gesetzt werden.

Kommunikation strukturieren

Selbstverständlich gehören zu einer gelungenen PR-Strategie auch die **Medienarbeit** und damit als bekannte und bewährte Instrumente die klassische **Pressemitteilung** oder das **Pressegespräch**, etwa zur Ankündigung eines besonderen Ereignisses wie einem Tag der offenen Tür, dem Wechsel in der Führungsetage oder der Einweihung neuer Räumlichkeiten. Eine Pressemitteilung ist ein formeller und gut strukturierter Text, der an ausgewählte Medienvertreter gesendet wird, um die Öffentlichkeit über die Neuigkeiten zu informieren und Interesse zu wecken. Pressemitteilungen sind von großer Bedeutung und helfen dabei, wichtige Botschaften gezielt an die Zielgruppen zu bringen. Dennoch bleibt die Pressemitteilung ein einzelnes Puzzlestück in einem riesigen Gesamtbild, ebenso wie Pressegespräche oder auch Pressekonferenzen, die in der Regel nur bei besonderen Anlässen sinnvoll sind.

Wichtig: Eine erfolgreiche PR-Arbeit lebt davon, dass alle Elemente gut aufeinander abgestimmt sind und dass jeder Mitarbeitende in der Organisation ein Bewusstsein dafür entwickelt, dass er selbst das Unternehmensbild mit seinem Tun oder Nichttun mitprägt!

Das bedeutet im Umkehrschluss: **PR ist die Aufgabe jedes Einzelnen!** Jedes Lächeln am Empfang, jede freundliche Antwort am Telefon, jede Interaktion mit der Öffentlichkeit prägt den Ruf und die Identität einer Organisation. Da wir uns im Bereich der Sozialen Arbeit bewegen, ist dies umso wichtiger, denn das Pfund, mit dem soziale Organisationen wuchern, sind, neben der Qualität der Dienstleistung, nun mal die Mitarbeitenden. Sie sind diejenigen, die die Dienstleistung am Kunden oder Klienten erbringen und somit das Aushängeschild. Dabei hat die Art und Weise, wie das geschieht, genauso viel Gewicht wie die Dienstleistung selbst!

Diese Komplexität erfordert regelmäßige Abstimmung und einen ebenso regelmäßigen Informationsaustausch innerhalb der sozialen Organisation. PR-Verantwortliche müssen die internen Vorgänge stets im Blick haben (können) und selbst aktiv das Gespräch mit den verschiedenen Fachbereichen der Organisation suchen, um über alle Entwicklungen informiert zu sein (*mehr dazu im 4. Kapitel „Kommunikation"*). Gleichzeitig muss klar sein, dass ihr Engagement gewünscht ist. So wird PR nicht nur auf eine einzelne Abteilung oder Person beschränkt, sondern auch als integraler Bestandteil in allen Bereichen verstanden.

PR nachhaltig planen

Dieser umfassende Ansatz mag zunächst kompliziert und anspruchsvoll erscheinen, aber er bringt sozialen Organisationen viele Vorteile. PR, die durch alle Abteilungen und Bereiche getragen wird, wirkt und ist nachhaltig. Sie schafft Vertrauen bei den Mitarbeitenden, da sie sich mit ihrer Organisation und ihren Werten identifizieren und die Wertschätzung in allen Kommunikationswegen spüren. Diese Haltung und Authentizität werden auch in der Öffentlichkeit sichtbar. Es entsteht auch dort Vertrauen, daraus erwächst Reputation. Dies ebnet den Weg, um gezielt Fördergeber und Unterstützer zu werben, um Bewerberinnen und Bewerber anzusprechen und nicht zuletzt auch neue Kunden bzw. Klienten.

Widerständen begegnen

Natürlich gibt es auch Herausforderungen auf diesem Weg. Interne Widerstände sind nicht selten und können auftreten, wenn einzelne Abteilungen oder Mitarbeitende den ganzheitlichen PR-Ansatz nicht (sofort) nachvollziehen können. Hier ist es wichtig, dass die PR-Verantwortlichen mit Geduld und klaren Argumenten immer wieder deutlich machen, warum sie diesen Weg einschlagen und welche Vorteile sich langfristig daraus für die gesamte Organisation ergeben. Verbündete können eine große Hilfe sein, also Mitarbeitende oder Abteilungen, die die Ziele teilen und aktiv dazu beitragen, dass diese auch von anderen Abteilungen positiv aufgenommen werden.

Tipp: Es kann Widerstände auf dem Weg zu einer ganzheitlich eingebundenen Presse- und Öffentlichkeitsarbeit geben. Seien Sie darauf vorbereitet und machen Sie immer wieder deutlich, warum dieser Weg eingeschlagen wird und wohin er führen soll. Suchen Sie sich „Verbündete", die Sie bei diesem Vorhaben unterstützen und für diesen Weg der ganzheitlichen Presse- und Öffentlichkeitsarbeit intern unter den Mitarbeitenden werben. Feiern Sie gemeinsam „Milestones", wenn erste Maßnahmenschritte erfolgreich umgesetzt wurden. Ein „Milestone" könnte bspw. sein, dass das neue Intranet erfolgreich eingeführt wird und dadurch eine höhere Informationsdichte bei den Mitarbeitenden erreicht wird. Oder dass ein Event eine positive öffentliche Resonanz erzeugt und somit die Organisation sichtbar wird.

1.2 Der Unterschied zu Werbung

Um den Unterschied zwischen Werbung und Presse- und Öffentlichkeitsarbeit zu verdeutlichen, lautet die erste Frage: Was ist Werbung?

Definition „Werbung"

„Werbung beinhaltet alle Formen des Versuchs der bewussten Beeinflussung von (potenziellen) Kunden im Hinblick auf jeden beliebigen Gegenstand." *(Quelle: Gabler-Banklexikon)*

Oder anders ausgedrückt: Werbung ist immer eine bezahlte Art der Kommunikation mit dem Ziel, eine sofortige bzw. schnelle Reaktion zu erhalten. Dies ist der entscheidende Unterschied zu den Zielen der Presse- und Öffentlichkeitsarbeit bzw. PR, die **Reputation** und **Image** der sozialen Organisation verbessern will.

Das Hauptziel von Werbung ist es, Produkte oder Dienstleistungen zu verkaufen bzw. potenzielle Kundinnen und Kunden zum Erwerb oder zur Buchung derselben zu bewegen.

Abbildung 4: Beispiel „Werbung für Spenden" (Foto: Iris Lederer)

Werbung bietet den Vorteil der Kontrolle: Ein bestimmter Anzeigenplatz in einem Medium, ob digital oder gedruckt, wird gebucht und kann in Format, Gestaltung und Zeitpunkt exakt nach Wunsch geplant werden. So könnte man bspw. eine zweispaltige, farbige Stellenanzeige in einer Tageszeitung platzieren und sicherstellen, dass sie pünktlich und wie vorgegeben erscheint. Werbung muss dabei stets klar als solche erkennbar und gekennzeichnet sein.

Ziele definieren

Häufig sind Werbekampagnen auf kurzfristige Ergebnisse ausgelegt und sprechen gezielt definierte Zielgruppen an. Wenn bspw. in einer Pflegeeinrichtung Plätze frei werden, dann kann eine ansprechend gestaltete Anzeige mit einem ansprechenden Foto und einem emotional ansprechenden Text auf einem regionalen Onlineportal, in einer Zeitung oder einem Gemeindeblatt die Aufmerksamkeit von Angehörigen und Betroffenen gewinnen und das Interesse wecken, die Einrichtung zu besuchen oder eine Buchung in Betracht zu ziehen.

Wie bereits in Punkt 1.1 angesprochen unterstützt PR-Arbeit aktiv den Aufbau des Bekanntheitsgrads und des positiven Images und der langfristigen positiven Reputation eines Unternehmens. Eine erfolgreiche PR-Kampagne basiert darauf, dass eine soziale Organisation, die allgemein bekannt und geschätzt ist, deutlich mehr Vertrauen bei potenziellen Kunden oder Partnern genießt, was die Wahrscheinlichkeit steigert, dass Menschen ihre Dienstleistungen in Anspruch nehmen oder sie anderweitig unterstützen, z. B. durch Spenden.

Werbung hingegen konzentriert sich meist auf spezifische Zielgruppen und bezieht sich auf die kurzfristige Bekanntmachung einer Veranstaltung, freier Stellen, einer Dienstleistung oder sonstigen Aktion.

Kontrolle behalten

Ein großer Vorteil von Werbung ist – wie erwähnt – die Kontrolle über alle Aspekte der Kampagne. Allerdings hängen der Erfolg und die Reichweite von Werbemaßnahmen stark vom zur Verfügung stehenden Budget ab. Die Preise variieren dabei erheblich je nach Medium.

Beispiel:

Eine Stellenanzeige in der günstigsten Version als Basispaket „Economy" auf mehreren Jobportalen kostet bspw. in den Nürnberger Nachrichten (Region) 799 Euro zzgl. MwSt. Eine Anzeige in der Augsburger Allgemeinen, drei Spalten, 139 x 100 mm, schwarz/weiß, kostet 528 Euro zzgl. MwSt. Eine Printanzeige in der Hamburger Morgenpost, 210 x 72 mm, schwarz/weiß kostet 2880 Euro zzgl. MwSt.

https://vnp.de/wp-content/uploads/24-558_Preisliste_Gesamt_2025_small-1.pdf

https://mediadaten.augsburger-allgemeine.de/konfigurator

https://media.mopo.de/wp-content/uploads/2024/02/MOPO_Mediadaten_2024.pdf

Der Vorteil: Der Erfolg einer Werbekampagne lässt sich gut messen. Bei digitalen Anzeigen bspw. durch Klickzahlen, Impressionen und Reichweite; bei analogen Werbemitteln durch Reaktionen wie Anrufe, E-Mails oder Zuschriften sowie durch erhöhte Besuchs- oder Verkaufszahlen.

Tipp: Es gibt in vielen Medien die Möglichkeit, sogenannte PR-Anzeigen zu schalten. Diese werden wie eine Anzeige bezahlt und müssen auch als „PR-Anzeige" gekennzeichnet werden. Sie ermöglichen aber eine redaktionsähnliche Gestaltung, bspw. als Textbeitrag mit Foto oder Interview. Die Preise dafür finden sich – wie auch die Preise für klassische Anzeigen – in den Mediadaten. Diese sind in der Regel online auf der Homepage des Medienhauses zu finden.

Im Gegensatz dazu ist die Wirkung von PR schwieriger messbar. Zudem bietet PR weniger direkte Einflussmöglichkeiten, insbesondere bei der Zusammenarbeit mit Medien. In der Regel entscheidet ein Medium selbst darüber, ob es die Informationen der Organisation in die Berichterstattung aufnimmt, wie es diese aufbereitet und wann es diese veröffentlicht. Es ist also auch möglich, dass bspw. eine anstehende Veranstaltung von einer Lokalredaktion nicht veröffentlicht wird, weil diese das Event als nicht relevant ansieht, oder eine Berichterstattung über eine Veranstaltung als „PR" ablehnt.

Kontinuierlich Kontakt halten

Um das Risiko der Nichtveröffentlichung wichtiger Themen und Termine z. B. in Lokalredaktionen und Gemeindeblättern zu minimieren, ist eine kontinuierliche Pressearbeit essenziell. Wie diese zustande kommt – darüber mehr in den nächsten Kapiteln.

Während Werbung sich also häufig auf kurzfristige Ziele wie das schnelle Füllen freier Plätze in einer Pflegeeinrichtung oder das Anwerben von neuen Mitarbeitenden für die neue Kita konzentriert, hat PR immer das größere Ganze im Blick. Die Arbeit in der PR zielt darauf ab, das Image und die Reputation des Unternehmens langfristig zu stärken und eine positive, wiedererkennbare Wahrnehmung zu schaffen.

Image und Reputation

Schwierige Unterscheidung: **„Image"** und **„Reputation"** sind zwei Schlüsselbegriffe der PR. Häufig werden sie synonym verwendet. Das ist aber nicht korrekt. Denn während „Image" das Bild beschreibt, das sich eine oder mehrere Zielgruppen von einem Unternehmen / einer Organisation machen (bspw., wenn sie den Namen oder das Logo der Organisation sehen), ist „Reputation" das langfristige Ergebnis der Bemühungen um eine positive (Außen-) Wirkung *(vgl. Köhler Stüdeli, 2015: Identitäten in der öffentlichen Kommunikation).*

Es geht also um langfristige Wirkung. PR kann diese erzielen, wenn sie kontinuierlich informative und interessante Inhalte über das Unternehmen liefert und so eine stabile, auf Vertrauen basierende Bindung zu den **„Stakeholdern"** aufbaut, also zu den wichtigsten Zielgruppen – seien es Mitarbeitende, potenzielle Spender, Partner, Behörden, Politik, Menschen aus der Nachbarschaft oder solche, die auf Unterstützung hoffen oder diese benötigen.

Akteur des sozialen Miteinanders

Durch regelmäßige und glaubwürdige Kommunikation wird die soziale Organisation idealerweise irgendwann als vertrauenswürdige und authentische Akteurin wahrgenommen, die nachhaltig das soziale Miteinander der Gesellschaft mitgestaltet.

Werbung hingegen zielt auf rasche Erfolge in genau definierten Zielgruppen und Medien ab, um bspw. ein bestimmtes Angebot schnell bekannt zu machen und unmittelbare Reaktionen hervorzurufen. Diese kurzfristige Ausrichtung bringt jedoch auch einige Herausforderungen mit sich, da die Akzeptanz von Werbebotschaften in der Öffentlichkeit nicht immer hoch ist.

Werbung muss deutlich als bezahlte Kommunikationsform erkennbar sein und kann bei Menschen auch Argwohn auslösen. Insbesondere im sozialen Bereich stellen sie häufig die Frage: „Warum ist es nötig, hier Werbung zu machen?", „Warum wird das Budget für Werbung verwendet?", „Wieso soll ich Geld spenden, das dann für Werbung ausgegeben wird?", „Was passiert mit (meinen) Mitgliedsbeiträgen?"

Das kann dazu führen, dass Menschen die publizierten Inhalte kritisch hinterfragen und die Organisation weniger positiv wahrnehmen. Ebenso kann eine hohe Frequenz an Werbemaßnahmen dazu führen, dass die Adressaten eine gewisse „Werbemüdigkeit" entwickeln und die Inhalte schlichtweg übersehen oder ignorieren. Gerade in der heutigen Zeit, in der Menschen täglich mit einer Flut von Werbung und Informationen konfrontiert werden, kann eine übermäßige Präsenz in bestimmten Medienkanälen kontraproduktiv sein und letztendlich zu Desinteresse führen.

Vertrauenswürdig werden

Gute PR hingegen wird als weitaus vertrauenswürdiger angesehen, da sie häufig informativen Charakter hat und nicht auf den Verkauf etwa von Dienstleistungen abzielt. Diese Form der Kommunikation stärkt das Vertrauen in die Organisation auf subtilere, aber effektive Weise. PR stellt die langfristige **Beziehungspflege** zu den Stakeholdern und der Öffentlichkeit in den Mittelpunkt und gibt authentische Einblicke in das Unternehmen und dessen Werte. Dadurch trägt sie entscheidend zu einer positiven Wahrnehmung der Organisation bei.

Tipp: Bevor Sie Geld für Werbung ausgeben, überlegen Sie sich genau: Warum schalte ich diese Werbung? Auf welchem Kanal? Für welche Zielgruppe? Welche Reaktion erwarte ich? Wie realistisch ist die Erreichung dieses Ziels mit meinem vorhandenen Budget?

1.3 Social Media und Co.

Dieses Kapitel hätte vor 40 Jahren nicht existiert. Bis 1990 lief Presse- und Öffentlichkeitsarbeit bzw. PR hauptsächlich über die heute als „klassische Medien" bezeichneten Kanäle. Es gab Zeitungen, Magazine, Radio- und Fernsehsender. In Organisationen wurden Aushänge am Schwarzen Brett veröffentlicht, interne Nachrichten per Hauspost und Informationen an externe Kontakte per Brief oder Fax verschickt. Dass das Fax heutzutage in vielen Behörden immer noch im Einsatz ist, zeigt, wie lange Veränderungsprozesse in manchen Organisationen dauern und wie viele Hindernisse es auf diesem Weg gibt.

Tipp: Falls in Ihrer Organisation noch ein Faxgerät steht und dieses tatsächlich im Dauereinsatz ist, sollte dies hinterfragt werden!

Das Jahr 1990 revolutionierte unser Leben wie damals die Erfindung der Dampfmaschine, mit der die Industrialisierung Europas begann. Der britische Informatiker Tim Berners-Lee entwickelte den ersten Internetserver und den ersten grafischen Internetbrowser, als er bei CERN, der Europäischen Organisation für Kernforschung, in der Schweiz arbeitete. Er nannte seinen neuen Zugang zum Internet „World Wide Web" (kurz: WWW; siehe https://wirtschaftsmacher.com/tim-berners-lee-die-erfindung-des-world-wide-webs/).

Es war ein Meilenstein auf dem Weg zur Digitalisierung, denn die Entwicklung legte den Grundstein für den Siegeszug des Internets. Mithilfe der Webbrowser konnte nun jedermann bzw. jedefrau innerhalb von Sekunden auf weltweit verstreut gespeicherte multimediale Dokumente zugreifen.

Willkommen im www!

Tim Berners-Lee erfand übrigens neben dem „WWW" auch die Hypertextsprache HTML, in der die meisten Webseiten programmiert sind. Daraus entstanden die ersten Webseiten, die sich durch „Hyperlinks" untereinander frei vernetzen ließen. Fortan mussten die Nutzer gar nicht mehr wissen, wo genau das Dokument gespeichert war, für das sie sich gerade interessierten.

Der nächste große Schritt war dann die mobile Nutzung des Internets. 2001 wurde in Japan ein Protokoll hierfür geschaffen und die allerersten Smartphones eroberten den Markt. In dieser Zeit gründete sich auch die noch heute beliebte Onlineenzyklopädie „Wikipedia". Webanbieter wie Google, Amazon und Ebay traten ihren Siegeszug an. Wenige Jahre später wurden die ersten sozialen Netzwerke gegründet. So kann 2003 als das Jahr der Geburt des „Web 2.0" betrachtet werden *(Quelle: Uni Würzburg)*.

Heute sind interne und externe Kommunikation privat und beruflich ohne das Internet nicht mehr vorstellbar. Pro Jahr werden in Deutschland rund 850 Milliarden E-Mails versendet ... Das entspricht über zwei Milliarden E-Mails – jeden einzelnen Tag *(Quelle: Reddox Studie)*. Dazu zählen täglich auch viele Tausend E-Mails in Organisationen der Sozialwirtschaft!

Ein professioneller Internetauftritt sollte deshalb eine Selbstverständlichkeit sein, da immer weniger Menschen in gedruckten Branchenverzeichnissen wie den „Gelben Seiten" oder anderen Printmedien nach Dienstleistungen und Angeboten suchen. Stattdessen greifen sie über ihr Smartphone, Tablet oder ihren Computer direkt auf Suchmaschinen wie Google zu, um Informationen zu finden und Kontakt aufzunehmen *(mehr dazu in Kapitel 5 „Kommunikation")*.

Digitale Interaktion

Neben einer gut strukturierten Webseite gehört auch eine effektive interne und externe Kommunikation per E-Mail zu den „Grundlagen" für soziale Organisationen und Unternehmen aller Größen und Tätigkeitsbereiche. Ein Internetauftritt, der die Dienstleistungen und Angebote klar präsentiert und leicht zugänglich macht, ist essenziell, um in der Öffentlichkeit wahrgenommen zu werden und Interessierten den Zugang zu Informationen zu erleichtern.

Allerdings sind viele Formen der digitalen Interaktion wie z.B. die regelmäßige Social-Media-Präsenz, die Nutzung interaktiver Plattformen oder der Aufbau eines Intranets für den internen Austausch stark von den zur Verfügung stehenden finanziellen Mitteln und den personellen Kapazitäten abhängig. Die Umsetzung und Pflege eines breit aufgestellten digitalen Angebots kann schnell zu einem personalintensiven Zeit- und Kostenfaktor werden und bedarf daher einer genauen Planung. Gerade in Sozialunternehmen, die in der Verwaltung häufig mit begrenzten Ressourcen arbeiten, muss abgewogen werden, in welchen Bereichen die Investition in digitale Kommunikationswege den größten Mehrwert bringt und welche Maßnahmen aus Kostengründen eventuell zurückgestellt oder auf das Nötigste reduziert werden können.

Abbildung 5: Welcher Kanal soll es denn sein? (Quelle: eigene Darstellung mit Canva)

Eine gezielte Strategie kann hier helfen, Prioritäten zu setzen und sicherzustellen, dass alle eingesetzten Kommunikationskanäle sowohl den Bedürfnissen der Organisation als auch denen der Zielgruppen entsprechen. **Digitale Präsenz** bedeutet nicht nur, eine Webseite zu haben, sondern auch, darauf zu achten, dass sie regelmäßig aktualisiert wird und den aktuellen Informationsstand widerspiegelt.

Spiegel nach außen

Eine gepflegte **Homepage**, aktuelle Inhalte sowie die schnelle Reaktion auf Anfragen und Rückmeldungen sind ein Spiegel nach außen und können die Beziehung zur Öffentlichkeit stärken und das Vertrauen in die Organisation fördern, ihr im Fall von veralteten Inhalten aber auch schaden.

Die ersten Internetangebote, die heute als „Soziale Medien" bezeichnet werden, kamen Ende der 1990er-Jahre auf, doch ein Massenphänomen wurde „Social Media" erst, als YouTube, Facebook, Instagram, LinkedIn, Twitter (heute X) und TikTok ab 2004 zunehmend populär wurden *(Quelle: Bidt Digital Glossar)*.

Laut Statista nutzten 2024 in Deutschland 47,88 Millionen Menschen „Social Media", bis zum Jahr 2029 wird ein Anstieg der Nutzer auf 59,34 Millionen prognostiziert. Auch das Institut der Bayerischen Wirtschaft bestätigt diese Zahlen, bzw. sieht die Social-Media-Nutzung durch 87 Prozent der Bevölkerung sogar noch höher *(Quelle: Bidt Digital Themenmonitor)*.

Social Media sind unverzichtbar

Dies bedeutet, dass Social Media auch in der Kommunikation von sozialen Organisationen eine unverzichtbare Rolle spielen und nicht ignoriert werden können. Eine Vielzahl von potenziellen Mitarbeitenden, Unternehmen, Förderpartnern und Unterstützungsnetzwerken ist heute aktiv in den sozialen Medien vertreten.

Soziale Organisationen, die darauf verzichten, diese Plattformen professionell zu nutzen, laufen Gefahr, den Kontakt zu wichtigen Zielgruppen zu verlieren und auf Dauer nicht mehr sichtbar zu sein bzw. nicht mehr wahrgenommen zu werden. Insbesondere für jüngere Menschen, die praktisch täglich in den sozialen Medien unterwegs sind und diese oft als primäre Informationsquelle verwenden, sind Organisationen ohne Onlinepräsenz nahezu unsichtbar bzw. nicht existent:

„Während insgesamt 41 Prozent der Befragten über sechs Stunden in der Woche in den sozialen Netzwerken verbrachten, waren es unter den 18- bis 24-Jährigen 64 Prozent. Fünf Prozent von ihnen brachten es sogar auf über 35 Stunden in der Woche." *(Quelle: Statista)*

Dabei darf aber auch nicht übersehen werden, dass eine beträchtliche Zahl von Menschen nach wie vor nicht online aktiv ist. Die Gründe hierfür sind vielfältig: Viele meiden das Internet bewusst, um ihre persönlichen Daten zu schützen und keine digitalen Spuren zu hinterlassen. Andere wiederum verfügen nicht über ausreichendes Wissen im Umgang mit digitalen Technologien oder fühlen sich unsicher, wenn es um den Einstieg in die digitale Welt geht.

Wen erreiche ich auf welchem Kanal?

Ein weiterer wesentlicher Grund kann finanzieller Natur sein: Nicht alle Menschen können sich ein Smartphone oder einen Computer samt Internetvertrag leisten. Dies betrifft keinesfalls nur die „ältere Generation". Zwar wird bei älteren Menschen häufig davon ausgegangen, dass sie ohnehin kaum im Internet aktiv sind, doch das ist längst nicht mehr zutreffend. Viele Ältere sind erstaunlich mobil und nutzen das Internet inzwischen selbstbewusst und regelmäßig, insbesondere um den Kontakt zu Familie und Freunden zu halten oder sich über aktuelle Geschehnisse zu informieren.

Im Gegenteil: Die älteren Generationen haben sich den digitalen Wandel stärker zunutze gemacht, als häufig angenommen wird. Laut der Allensbacher Markt- und Werbeträger-Analyse gaben 2024 insgesamt 32,2 Prozent der befragten Senioren in Deutschland an, mehrmals täglich das Internet zu nutzen. Rund 5,2 Prozent der Teilnehmer im Alter ab 60 Jahren sagten sogar aus, dass sie ständig oder fast die ganze Zeit online sind *(Quelle: Statista, 2024)*. Insofern ist es sinnvoll, dass soziale Organisationen auch diesen Adressatenkreis bei ihrer Social-Media-Präsenz im Blick haben, bspw. um Angebote im Bereich der Haushaltsunterstützung oder im sozialen Fahrdienst zu bewerben. Und wenn es nicht die Zielgruppen selbst sind, die sich informieren, so sind es möglicherweise deren Angehörige!

Der Mix macht es

Die in diesem Kapitel angesprochenen Fakten sind essenziell und sollten unbedingt in die PR-Strategie bzw. das Marketing integriert werden! Ein zielgerichteter **Kommunikationsmix** mit zielgruppengenauen Elementen ist entscheidend, um Außenwirkung zu erzeugen. So werden etwa Stellenanzeigen für qualifizierte Fachkräfte in Kita oder Pflege mit einem formellen Layout und einer konservativen Ansprache kaum mehr erfolgreich sein. Solche Anzeigen verpassen die Chance, insbesondere die jüngere Zielgruppe anzusprechen, die sich primär online bewegt und überwiegend Bewegtbilder sieht.

Das bedeutet, dass soziale Organisationen nicht nur verstärkt auf digitale Kanäle und eine ansprechende visuelle Gestaltung setzen müssen, um das Interesse von potenziellen Mitarbeitenden zu wecken und sie für sich zu gewinnen, sondern sie müssen auch die Ansprache und das Corporate Wording genau in den Blick nehmen. Besonders für das Recruiting von Fachkräften ist es entscheidend, den digitalen Raum zu nutzen und mit kreativen sowie modernen Inhalten zu arbeiten, die potenziellen Bewerbenden ins Auge fallen.

Da sich viele Menschen vorrangig über das Internet informieren und sich über Social Media auf dem Laufenden halten, führt die Adressierung über klassische (Massen-) Medien zwangsläufig dazu, dass wichtige Inhalte nur noch einen sehr eingeschränkten Kreis von Menschen erreichen und ggf. bei der Zielgruppe nicht ankommen.

Hybrider Ansatz

Eine erfolgreiche Öffentlichkeitsarbeit sollte daher einen hybriden Ansatz verfolgen und sowohl analoge als auch digitale Kanäle klug miteinander kombinieren. Auf diese Weise kann die Kommunikation über viele Plattformen hinweg stattfinden, wodurch sichergestellt wird, dass ein möglichst breites Publikum erreicht wird und wichtige Informationen für alle zugänglich sind – sowohl online als auch offline. Dies bedeutet, dass sowohl Menschen, die bevorzugt digitale Medien nutzen, als auch jene, die mit diesen Medien weniger vertraut oder nicht so häufig im Internet unterwegs sind, gleichermaßen angesprochen werden.

Tipp 1: Die entscheidende Frage ist: Wen erreiche ich über welchen Kanal? Dazu muss ich meine Zielgruppen kennen!

Tipp 2: „Mach es richtig oder lass es!“: Diesen Ratschlag sollten Sie unbedingt beherzigen, bevor Sie sich dazu entschließen, auf Instagram, Facebook, TikTok oder einem anderen Social-Media-Kanal präsent zu sein.

2. Vor dem Start

Auch wenn Sie und ihre soziale Organisation nun hochmotiviert sind und gleich loslegen möchten mit der PR, so ist es wichtig, sich etwas Zeit zu nehmen und nicht irgendeine Pressemeldung überstürzt „rauszuhauen" oder eine Aktion unabgestimmt zu starten. In diesem Kapitel geht es um einen strukturierten Start bzw. die Bestandsaufnahme der Ist-Situation. Im Idealfall werden alle geplanten Stepps erst einmal in Ruhe durchleuchtet und angegangen. Im Krisenfall, wenn es schnell gehen muss, können und müssen einige Punkte zunächst übersprungen werden. Es ist jedoch für eine erfolgreiche Presse- und Öffentlichkeitsarbeit sehr sinnvoll, diese Punkte dann zu einem späteren Zeitpunkt zu betrachten.

2.1 Presse- und Öffentlichkeitsarbeit? Können doch alle!

Die Geschäftsführung bzw. der Vorstand oder das Präsidium geben grünes Licht, das Thema „PR" wird für die Zukunft der sozialen Organisation als wichtig wahrgenommen und soll gestartet bzw. professionalisiert werden. Das ist die gute Nachricht. Die Frage ist: Wie geht es jetzt weiter?

PR-Fahrplan festlegen

In einem idealen Unternehmen mit einem großen finanziellen Budget wird eine erfahrene PR-Kraft eingestellt, die sich um alles Weitere kümmert. Sie wird ausgestattet und stellt dann zeitnah ihren Fahrplan vor. Falls das der Fall ist, ist die Lektüre dieses Buches wahrscheinlich überflüssig. In der Realität jedoch ist das Geld für solche Aufgaben in der Administration knapp und es wird meist keine erfahrene PR-Kraft eingestellt, sondern „irgendjemand" soll sich „nebenbei" um die PR mitkümmern. Dies stellt das Vorhaben, eine gute Wahrnehmung in der Öffentlichkeit durch professionelle PR zu erzielen, von Beginn an auf wacklige Beine. Denn professionelle PR braucht Kontinuität, geht nicht nebenbei und kann auch nicht von „irgendjemand" geleistet werden – auch wenn das eine weit verbreitete Haltung ist. Leider betrifft sie fast alle Bereiche der Kommunikation bzw. des Marketings: Mitarbeitende in der eigenen sozialen Organisation haben plötzlich eine dezidierte Meinung zu Design, zu Kampagnen und Texten, wollen mitreden und fühlen sich berufen, sich einzumischen.

Überzeugungsarbeit leisten

Wenn diese Mitarbeitenden auf der Ebene der Geschäftsführung oder des Vorstandes angesiedelt sind, ist meist viel (subtile) Überzeugungsarbeit notwendig, um deutlich zu machen, warum manche Vorschläge nicht zielführend sind. Das bedeutet nicht, dass PR-Verantwortliche abgehobene „Singleplayer" sind, die nicht offen für Anregungen sind. Die Umsetzung beschlossener Themen sollte und muss jedoch verantwortlich in ihren Händen sein und bleiben. Denn es geht bei der Arbeit um weitaus mehr als nur ein anderes Wort in einem Text oder eine andere Farbe in einem Flyer: PR-Arbeit, insbesondere externe Kommunikation, tangiert häufig Themen des Datenschutzes sowie des Urheberrechts und erfordert zudem den Blick auf das „große Ganze": Wie kommt die Kommunikation innen oder außen an? Was bewirkt sie?

Tipp: Wenn jemand eine „gute Idee" hat, dann kontere ich oft mit: „Du, ich finde auch, dass du in deinen Controlling-Excel-Sheets mal die Debitoren in die linke Spalte setzen solltest, sieht besser aus." Meistens ist ein Lachen die Konsequenz und die „gute Idee" gestorben.

2.2 Wie fange ich an?

Wenn die Geschäftsführung oder der Vorstand beschließt, das soziale Unternehmen neu oder professioneller aufzustellen, dann ist es empfehlenswert, zunächst alle Bereichs- oder Abteilungsleitungen in einem Meeting darüber zu informieren. Da Presse- und Öffentlichkeitsarbeit alle Bereiche der Kommunikation – intern und extern und über alle Abteilungen hinweg – einschließt, sollten diese von Anfang an eingebunden werden und dieser Aufgabe positiv gegenüberstehen. Im Anschluss können in den Bereichen motivierte Mitarbeitende gesucht werden, die in die PR-Arbeit für ihren jeweiligen Bereich eingebunden werden möchten. Dies bedeutet nicht, dass diese Mitarbeitenden federführend verantwortlich sind, doch es ist sinnvoll, dass es Mitarbeitende gibt, die „Augen und Ohren" in ihren Bereichen offenhalten und die für PR verantwortliche Person über interessante Themen und anstehende Veranstaltungen etc. informieren.

PR gibt es nicht zum Nulltarif

Diese PR-verantwortliche Person kann innerhalb des Unternehmens gefunden werden, bspw. eine Person aus einem bereits bestehenden Marketingbereich oder jemand mit einem entsprechenden Hintergrund aus einem früheren Job oder der Ausbildung bzw. dem Studium. Vielleicht macht auch jemand bereits Presse- und Öffentlichkeitsarbeit in einem Verein oder in einer anderen ehrenamtlichen Position. Falls dies alles nicht der Fall ist, sollte nach jemandem gesucht werden, der oder die diese Stelle ausüben kann. Das kann im Rahmen eines Minijobs, einer Werkstudierendenstelle oder einer (Teilzeit-) Stelle sein. Häufig wird auch mit Freelancern gearbeitet. Diese Entscheidung und auch der Stundenumfang sind vom Budget abhängig. Eines aber ist klar: „Nebenher und zum Nulltarif" kann erfolgreiche Presse- und Öffentlichkeitsarbeit nicht funktionieren.

> **Tipp:** Auch ein Team aus zwei bis drei Personen kann die Presse- und Öffentlichkeitsarbeit übernehmen, doch eine Person muss „den Hut aufhaben" und das Team leiten. Sie sollte in alle wichtigen Themen der Organisation eingebunden sein.

Angenommen, es ist eine Person gefunden, die die Presse- und Öffentlichkeitsarbeit verantwortlich übernimmt, und es wurde auch ein Budget festgelegt. Was jetzt? Empfehlenswert ist es, sich mit der Geschäftsführung und den Bereichs- oder Abteilungsleitungen und den interessierten Mitarbeitenden (siehe oben) zu treffen und in einem Meeting die folgenden Punkte zu besprechen:

- Was will die soziale Organisation mit PR erreichen?

  Ein Ziel könnte sein: neue Mitarbeitende gewinnen, den Bekanntheitsgrad in der Stadt oder Region erhöhen, mehr Nachfrage nach Angeboten erzeugen, die Stimmung innerhalb der Belegschaft verbessern, Investoren für eine neue Kindertagesstätte, Pflegeheim o. Ä. finden, das Spendenaufkommen erhöhen usw.

- Wer sind die „Zielgruppen" oder „Stakeholder", die ich adressieren muss/will?

Definition „Stakeholder"

> „Stakeholder sind Personen oder Organisationen, die von den Aktivitäten eines Unternehmens oder einer Organisation betroffen sind oder davon beeinflusst werden."

Dazu gehören im sozialen Bereich Klienten bzw. Kunden, Finanzgeber/Behörden, Mitarbeitende, Lieferanten, Partner, Politik, Unterstützer, Mitglieder sowie die Nachbarschaft von Einrichtungen. Auch Angehörige von „Kunden" wie Eltern von Kitakindern oder Angehörige von Pflegedürftigen sind wichtige Stakeholder.

Abbildung 6: Stakeholder „Soziale Organisation extern" (Quelle: eigene Darstellung mit napkin.ai)

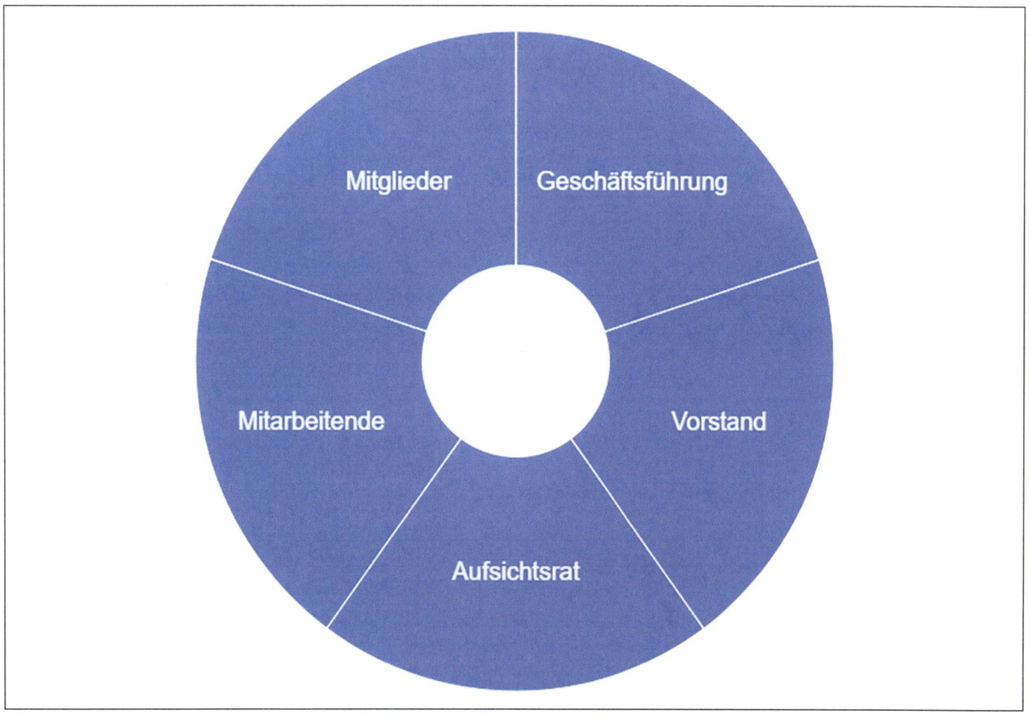

Abbildung 7: Stakeholder „Soziale Organisation intern" (Quelle: eigene Darstellung mit napkin.ai)

Da die finanziellen und personellen Kapazitäten in der Regel limitiert sind, ist es essenziell, zuallererst klar zu definieren, in welchem Umfeld sich die Organisation befindet, wer ihre Stakeholder sind und in welcher Beziehung sie zur Organisation stehen. Denn nicht alle Zielgruppen sind gleichermaßen relevant. Eine Gewichtung bzw. Priorisierung im Kontext der Strategie und der Kommunikationsziele der sozialen Organisation ist deshalb sinnvoll. Daraus leiten sich dann auch wichtige Eckpunkte für die PR-Arbeit ab.

Nicht alles geschieht freiwillig

Hinzu kommt: Nicht immer kommen bspw. Klienten freiwillig zu Beratungsstellen, sondern werden von Angehörigen oder Institutionen dorthin geschickt. Das gilt auch für Bewohnerinnen und Bewohner von Pflegeheimen oder Besucher von Tagespflegen. Für die PR-Verantwortlichen bedeutet das nicht nur Fingerspitzengefühl im Umgang, sondern auch, dass sie mehrere Zielgruppen informieren/überzeugen müssen.

Wie finde ich die Themen?

Im Austausch mit den verschiedenen Abteilungen kommen bereits üblicherweise zahlreiche konkrete Themen auf, die gesammelt und zunächst unkommentiert notiert werden. In einem zweiten Schritt werden die Vorschläge auf ihre Relevanz hin hinterfragt („Warum?"/ „Wer?") und es wird eine Prioritätenliste festgelegt. Die letztliche Entscheidung, welche Themen bevorzugt angegangen werden, trifft die Geschäftsführung bzw. der Vorstand abgestimmt mit der PR-verantwortlichen Person. Zur Entscheidungsfindung ist eine SWOT-Analyse sinnvoll und hilfreich. Für die tiefere Analyse der Stakeholder und ihres Einflusses eignet sich eine ABC-Analyse. Das ist eine Methode zur Einteilung von Kunden, Produkten, Material und anderen Objekten in drei Klassen oder Kategorien: A, B oder C. Die Objekte werden mit einer für die Analyse relevanten Kenngröße beschrieben und dann nach dieser Kenngröße sortiert *(Quelle: www. business-wissen.de)*. Die SWOT-Analyse wird hier ausführlicher erklärt.

2.2 SWOT-Analyse zur PR-Arbeit einer sozialen Organisation

Eine SWOT-Analyse ist ein gutes Instrument, um die Stärken und Schwächen einer sozialen Organisation aufzuspüren und die Positionierung sowie die Chancen und Risiken in Bezug auf Mitbewerber aufzuzeigen.

Definition „SWOT-Analyse"

„Analysis of strengths, weakness, opportunities and threats; die Stärken-Schwächen-Chancen-Risiken-Analyse stellt eine Positionierungsanalyse der eigenen Aktivitäten gegenüber dem Wettbewerb dar." *(Quelle: Wirtschafslexikon Gabler)*

Empfehlenswert ist es, die SWOT-Analyse in einem Workshop mit einem größeren Kreis aus Leitungen verschiedener Bereiche bzw. Abteilungen durchzuführen. Denn es ist wahrscheinlich, dass bspw. die Analyse für die Kindertagesstätte völlig andere Ergebnisse liefert als die Analyse für das hauseigene Pflegeheim oder die Suchtberatungsstelle.

Ein Formular kann ganz einfach gestaltet werden:

Stärken	Schwächen	Chancen	Risiken

Stärken	Schwächen	Chancen	Risiken

Abbildung 8: SWOT-Formular (Quelle: eigene Darstellung)

1. SWOT-Analyse-Beispiel „Pflegeheim": Fachkräftemangel

Stärken	Schwächen	Chancen	Risiken
vielfältiges Angebot	Altbau		neues Pflegeheim in der nahen Umgebung
etabliert; gute Reputation	Träger kann nur tarifgebundene Löhne zahlen		wirbt Mitarbeitende ab und zahlt Prämien für „Wechsler"
zentrumsnahe Lage, mit ÖPNV gut erreichbar		derzeit fünf begeisterte junge Menschen im Sozialen Jahr könnte zu Azubis führen	zunehmende Finanzierungslücke und Unmut in Bevölkerung, da neue Klienten aufgrund von Personalmangel abgewiesen werden müssen
viele Anfragen von Angehörigen			

Abbildung 9: SWOT-Analyse „Pflegeheim" (Quelle: eigene Darstellung)

2. SWOT-Analyse-Beispiel „Suchtberatungsstelle": Kürzung von Zuschüssen

Stärken	Schwächen	Chancen	Risiken
• qualifiziertes Personal • großes Beratungsangebot	• kaum privates Spendenaufkommen • Menschen haben „Angst", gesehen zu werden, wenn sie kommen	• neue Onlineberatungsangebote • Zusammenarbeit mit Selbsthilfegruppen im Quartier	Finanzierung

Abbildung 10: SWOT-Analyse „Suchtberatung" (Quelle: eigene Darstellung)

3. SWOT-Analyse-Beispiel „Kindertagesstätte": Positionierung

Stärken	Schwächen	Chancen	Risiken
• übergreifendes Angebot von Krippe bis Hort • schallisolierte Räume, Begegnungsflächen • angenehm für Erziehungskräfte	kein Mittagsessenangebot	Zusammenarbeit mit neuem Biocaterer in der Stadt	Diskussionen mit Eltern bzgl. • Essenspreisen • Fachkräftemangel

Abbildung 11: SWOT-Analyse „Kindertagesstätte" (Quelle: eigene Darstellung)

Die verschiedenen Analysen sind im Anschluss von der Geschäftsführung und der PR-verantwortlichen Person auszuwerten. Hieraus ergeben sich wichtige Informationen für den Aufbau der PR-Strategie.

1. SWOT-Analyse „Pflegeheim"

- Wichtigstes Thema/Problem: Personalmangel
- Maßnahme: Verstärkung der Anwerbung von Personal
- Kommunikation: Aktion auf Social Media, in der Mitarbeitende und derzeit im Praktikum arbeitende junge Leute aus ihrem Alltag erzählen, und darüber, was sie an ihrer Tätigkeit mögen
- Ziel: Mitarbeitende binden und neue begeistern

Außerdem wird ein Sommerfest mit verschiedenen Teambuildingelementen veranstaltet.

2. SWOT-Analyse „Suchtberatungsstelle"

- Wichtigstes Thema/Problem: Finanzierungslücke
- Maßnahme: Unterstützer anwerben
- Geplante Kommunikation: Öffentliche Aktionen zum „Tag des Glücksspiels" oder „Dry January", dem alkoholfreien weltweiten Aktionsmonat; Thema: „Suchterkrankungen können jeden treffen"
- Ziel: Thema in die Öffentlichkeit bringen, Sympathie wecken, Spenden für Anschaffung von neuen Möbeln im Eingangsbereich der Beratungsstelle akquirieren

Abbildung 12: Beispiel „Aktionstag Glücksspiel: ‚Wirf dein Geld nicht auf die Straße'" (Foto: Iris Lederer)

3. **SWOT-Analyse „Kindertagesstätte":**
   - Wichtigstes Thema: nachhaltigen Ansatz der Kita schärfen
   - Maßnahme: gezielte Öffentlichkeitsarbeit
   - Geplante Kommunikation: Aktionstag für Eltern, Kinder und Anwohner zum Thema „Gesunde Ernährung", örtlicher Bioladen sponsert
   - Ziel: nachhaltige und ökologische Ausrichtung verdeutlichen

Tipp: Es ist unmöglich, von Beginn an alle potenziell möglichen Stakeholder und Ziele zu erreichen oder alle Chancen zu nutzen. Darum ist eine Priorisierung absolut notwendig!

2.3 Zuständigkeit

Wenn eine IT-Fachkraft eingestellt wird, dann ist sie zuständig für alle Themen, die mit Software und Hardware in der Organisation zu tun haben. Wenn eine Pflegefachkraft eingestellt wird, dann ist sie für die Pflege von Menschen zuständig. Sind die Zuständigkeiten bei der Presse- und Öffentlichkeitsarbeit ebenso eindeutig?

In Kapitel 2.2 wurde bereits beschrieben, dass es notwendig ist, auch für diesen Bereich eine Fachkraft zu haben, die verantwortlich „den Hut aufhat" bzw. bei der die „Fäden zusammenlaufen". Diese zuständige Person kann jedoch – anders als in manchen anderen Bereichen der Organisation – nicht losgelöst am Schreibtisch sitzen und sich „irgendwelche" Geschichten ausdenken und zu Papier bringen. Wer PR macht, muss kontinuierlich mit allen Bereichen der Organisation im Kontakt und Austausch stehen und insbesondere mit der Geschäftsführung sehr eng zusammenarbeiten. Die Vernetzung und das Aufbauen von vertrauensvollen Kontakten innerhalb und außerhalb der Organisation gehören zu den Grundpfeilern der PR-Arbeit. In größeren Organisationen sind PR-Stellen deshalb meistens im Stab angesiedelt.

Wissen und Diskretion

Akzeptanz und **Vertrauen** sind besonders wichtig, da die PR-verantwortliche Person auch Zugang zu sensiblen, internen Informationen haben muss, die potenziell heikle Themen mit Konsequenzen für die Organisation betreffen, bspw. Finanzen oder personelle Umstrukturierungen. Obwohl sie über solche internen Angelegenheiten Bescheid weiß, gehört zu den Grundanforderungen ihrer Arbeit uneingeschränkte Diskretion: Ohne klare Absprache mit der Geschäftsführung darf sie keine Informationen öffentlich machen und auch intern nicht weitergeben.

Für eine professionelle PR-Arbeit ist es außerdem notwendig, dass es keine Überraschungen gibt – die oder der PR-Verantwortliche sollte im Interesse der Organisation im Voraus über aktuelle oder zukünftige Themen und Entwicklungen informiert sein. Es ist fatal, wenn sie unvorbereitet auf kritische Fragen aus einer Redaktion oder der Öffentlichkeit reagieren müsste, wie etwa auf eine Frage zur Reduzierung der Suchtberatungsangebote oder zur geplanten Schließung einer Pflegeeinrichtung. Vielmehr ermöglicht die Antizipation von möglichen Reaktionen der Organisation eine professionelle Kommunikation nach innen und außen, was im Idealfall dazu führt, dass die öffentliche Entrüstung im Zaum gehalten werden kann, weil die Organisation die Gründe für die Notwendigkeit einer Maßnahme gut erklärt.

Wenn die Gerüchte kochen

Die PR-Abteilung kann so bei einem sensiblen Thema wie der Entscheidung, ein Pflegeheim zu schließen, nicht direkt und öffentlich agieren. Die oder der PR-Verantwortliche ist dennoch im Bild und wartet auf ein klares „Go" von der Geschäftsführung, bevor sie die Öffentlichkeit informiert. Dennoch kann es passieren, dass durch Gerüchte – gerade in kleinen Gemeinden – bereits zuvor Fragen aufkommen. Wird sie also bspw. beim Einkaufen darauf angesprochen: „Ich habe gehört, ihr habt Personalprobleme im Heim", dann wäre eine impulsive Reaktion wie „Das stimmt nicht!" oder „Das sind Gerüchte!" fatal. Erstens könnte sich später herausstellen, dass diese Aussage nicht zutreffend war und somit die Glaubwürdigkeit der PR leidet. Zweitens verliert man durch vorschnelle Aussagen einen möglichen zeitlichen Spielraum, sich überlegt zu äußern.

Diplomatie und Fingerspitzengefühl

In einer solchen Situation ist ein ruhiger, diplomatischer Ansatz die beste Reaktion. Eine erste Gegenfrage wie „Wo haben Sie denn das aufgeschnappt?" signalisiert Interesse, ohne sich in die eine oder andere Richtung zu äußern. Diese Antwort könnte die Person dazu bringen, ihre Quelle zu benennen, bspw.: „Von Frau XY, deren Tochter im Heim arbeitet." Ein sinnvoller und sicherer Weg, in dieser Situation zu antworten, wäre ein offener, jedoch wenig festlegender Satz wie: „In solchen Fällen, wo Informationen über mehrere Stationen weitergetragen werden, kann es leicht zu Missverständnissen kommen." Auf diese Weise vermeidet man konkrete Bestätigungen oder Dementis, da beide möglicherweise unpassend oder missverständlich sein könnten.

Keine Details

Wichtig ist, dass die PR-verantwortliche Person niemals Details preisgibt, wie: „Wir planen nur eine Reduzierung der Abteilungen und keine Schließung", wenn es nicht eine offiziell abgesprochene Kommunikationsstrategie und ein PR-Konzept zum Thema gibt. Die Fähigkeit zur Diskretion zählt daher zu den wichtigsten Eigenschaften einer PR-verantwortlichen Person. Es ist entscheidend, über (fast) alle internen Pläne und Entwicklungen informiert zu sein und dennoch nicht vorzeitig zu kommunizieren, sondern nur im abgestimmten Rahmen und zum passenden Zeitpunkt.

Tipp: Takten Sie regelmäßige feste persönliche oder virtuelle Treffen zwischen der PR-verantwortlichen Person und den Bereichs- oder Abteilungsleitungen sowie der Geschäftsleitung fest ein. In diesen Treffen können sowohl bereits feststehende Themen wie „Veranstaltungen" oder „Spendenaktionen" besprochen werden, als auch neue PR-Ideen entstehen. Und auch heikle Themen sollten dort besprochen werden.

2.4 Daten sammeln

Bevor wir die erste Pressemitteilung erstellen, ist es sinnvoll, eine Bestandsaufnahme zu machen, welche Medien es überhaupt in der Region gibt. Darauf wird in Kapitel 4.2 noch detaillierter eingegangen. Wahrscheinlich kennen alle die lokale Zeitung und das Lokalradio, in größeren Städten gibt es meist noch viel mehr Medien, bspw. Fernsehsender sowie alternative Stadtmagazine. Eine Recherche über Google (oder sonstige Suchmaschinen) spuckt auf alle Fälle die wichtigsten Medien der Region aus.

Beispiel: Nürnberg

Abbildung 13: Google-Recherche zu Zeitungen in Nürnberg (Quelle: Screenshot Google)

Überprüft man diese erste Recherche bzw. Information der „Deutsche-Tageszeitungen", werden Korrekturen notwendig, da bspw. die Abendzeitung in Nürnberg eingestellt wurde. Beim Anklicken der jeweiligen Zeitungsseite findet man in der Regel die direkte E-Mail-Adresse der Lokalredaktionen und die Ansprechpersonen mit Telefonnummern.

Beispiel: Erfurt

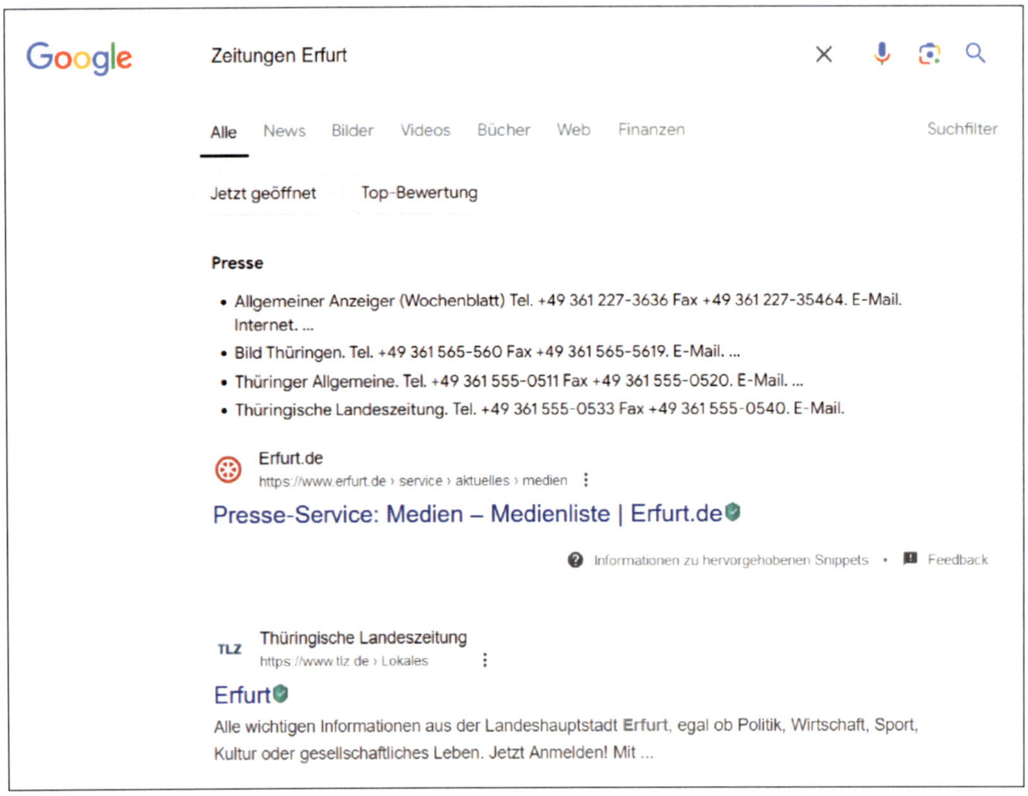

Abbildung 14: Google-Recherche zu Zeitungen in Erfurt (Quelle: Screenshot Google)

Hier sind mit ein, zwei weiteren Klicks zahlreiche weitere Medien aus allen Bereichen, d. h. Presse, Rundfunk und Fernsehen, zu finden.

Abbildung 15: Medienliste der Stadt Erfurt (Quelle: Screenshot www.erfurt.de)

Auch Internetportale, wie sie bspw. von Landratsämtern, Gemeinden oder regionalen Netzwerken angeboten werden, können für PR-Aktivitäten eine wertvolle Plattform sein, da sie in der Regel kostenfreie Einträge in ihren Onlinebranchenführern ermöglichen. Gleichzeitig darf nicht übersehen werden, dass es immer noch zahlreiche Medien gibt, die keinen Onlineauftritt haben und deshalb oft schwerer zu finden sind, wie etwa kostenlose wöchentliche Anzeigenblätter oder Mitteilungsblätter von Vereinen und Gemeinden.

Hier können die Mitarbeitenden der eigenen Organisation involviert werden: Sie könnten gebeten werden, als „Insider" in ihrem Ort oder Stadtteil Augen und Ohren offen zu halten, um interessante und relevante Veröffentlichungen oder wichtige Portale in der Region zu identifizieren und diese Informationen der PR-Verantwortlichen zukommen zu lassen. Dazu kann es sinnvoll sein, kostenlose Wochenblätter, Gemeindeblätter oder andere regionale Publikationen mitzunehmen oder relevante Kontaktinformationen wie bspw. das Impressum zu fotografieren und weiterzuleiten.

Tipp: Es macht Sinn, sich eine Datenbank anzulegen und darin wirklich alle Medien, die in der Region existieren, mit den jeweiligen Ansprechpersonen einzutragen. Diese sollte regelmäßig auf Aktualität überprüft werden. Auch wenn wir es uns momentan vielleicht nicht vorstellen können, könnte ein positives – oder leider auch – negatives Ereignis eintreten, bei dem eine sehr weit gestreute Kommunikation notwendig wird.

2.5 Kontaktaufnahme

Die Hausaufgaben sind gemacht:

- Es ist definiert, wer für die Presse- und Öffentlichkeitsarbeit verantwortlich ist.
- Es steht fest, was mit der PR erreicht werden soll.
- Die „Stakeholder" sind identifiziert.
- Ein Budget für die PR ist festgelegt.
- Eine SWOT-Analyse zeigt die drängendsten Themen.
- Die Basisdatenbank steht.

Was jetzt? Nehmen wir als Beispiel, dass in einem Wohnheim Renovierungsmaßnahmen anstehen, um die Lebensqualität der pflegebedürftigen Bewohnerinnen und Bewohner zu verbessern. Hierfür werden Geldspenden, aber auch Sachspenden in Form von Baumaterialien benötigt, da unser „Facility-Management-Team" mit den Bewohnern vieles selbst machen kann. Außerdem wären ehrenamtliche Unterstützende erwünscht.

Natürlich könnte man eine Pressemitteilung schreiben und hoffen, dass sie abgedruckt wird, und sowohl ehrenamtlich Helfende sich interessieren als auch Spenden eingehen.

Sinnvoller ist es aber, erst einmal zu Netzwerken, d. h. Kontakt zu den Redaktionen aufzubauen, ohne gleich etwas zu wollen. Für die Kontaktaufnahme mit den Redaktionen gibt es, abhängig von der Anzahl der Medien im Verbreitungsgebiet, mehrere

Strategien: Ich stelle mich per E-Mail kurz vor und biete an, in die jeweilige Redaktion zu einem Kennenlerntreffen zu kommen, oder ich lade in das soziale Unternehmen zum zwanglosen Austausch ein.

Kontakt zu Redaktionen aufbauen

Die Einladung hat den Vorteil, dass sich die soziale Organisation positiv vorstellen und Einblicke in ihre Arbeit geben kann. Allerdings sind viele Redaktionen so chronisch unterbesetzt, dass es ihnen lieber ist, wenn die PR-verantwortliche Person ins Verlagshaus kommt. Dieses Kennenlernmeeting vor Ort ist in der Regel ein eher kurzer und knapper Termin. Das macht aber nichts, denn es geht ja erstmal nur darum, eine persönliche Verbindung herzustellen. Diese Gelegenheit lässt sich optimal nutzen, um beiläufig darauf hinzuweisen, dass in Kürze – wie in unserem Beispiel – eine Renovierungsmaßnahme im Wohnheim ansteht, bei der verschiedene Formen der Unterstützung willkommen wären.

Offene Angebote machen

Man könnte höflich anfragen, ob Interesse besteht, das Projekt bei Gelegenheit vor Ort zu besichtigen und darüber zu berichten. Falls die Redaktion diesen Vorschlag aus Zeitgründen nicht wahrnehmen kann, bietet die PR-verantwortliche Person an, eine informative Pressemitteilung mit Fotos zur Verfügung zu stellen. So wird ein offenes Angebot unterbreitet, das je nach Kapazitäten angenommen werden kann. Diese Vorgehensweise baut nicht nur Vertrauen auf, sondern zeigt auch Respekt gegenüber den begrenzten Ressourcen der Redaktionen.

Tipp: Jeder Kaffee (oder Tee oder Wasser), der mit einem Redakteur oder einer Redakteurin getrunken wird, ist sinnvoll investierte Arbeitszeit! Ein gelegentlicher Informationsaustausch über geplante Veranstaltungen, neue Projekte oder Erfolge des sozialen Unternehmens hält die Redaktionen auf dem Laufenden und zeigt Interesse an einer dauerhaften partnerschaftlichen Beziehung. So wird die Wahrscheinlichkeit erhöht, dass auch künftige Pressemitteilungen wohlwollend aufgenommen und veröffentlicht werden.

3. Rechtliches

Der erste Impuls ist jetzt vielleicht: „Dieses Kapitel überblättere ich, Recht ist mir zu trocken, interessiert mich nicht und ist auch nicht relevant. Das betrifft doch nicht unsere kleine soziale Organisation, sondern die großen Konzerne'." Leider nicht! Auch wenn vielleicht bei einer Copyright- oder Bildrechtsverletzung für eine soziale Organisation in neun von zehn Fällen beide Augen zugedrückt werden, so gibt es definitiv eine unschöne und unruhige Zeit mit vielen Schriftwechseln und Aufregungen, die sich niemand wünscht. Daher ist dieses Kapitel sehr wichtig und sollte bitte keinesfalls ignoriert werden!

3.1 Copyright, Urheberrecht und Bildrechte

3.1.1 Worum geht es?

Um was geht es eigentlich genau? Was ist ein Urheberrecht?

Definition „Urheberrecht"

> „Werke im Sinne des Gesetzes über Urheberrecht und verwandte Schutzrechte (UrhG) sind alle persönlichen geistigen Schöpfungen. Daher zählen neben Artikeln, Büchern und Texten sämtliche künstlerische, aber auch einige naturwissenschaftliche und technische Leistungen zu den Werken, die durch das UrhG geschützt sind." *(Quelle: IHK München)*

Dazu gehören:

- Schriftwerke (u. a. Bücher, Beiträge in Zeitschriften)
- Sprachwerke (u. a. Reden)
- Computerprogramme
- Werke der Musik, pantomimische Werke, Werke der Tanzkunst
- Werke der bildenden Künste und der Baukünste (u. a. Architektur)
- Lichtwerke (Fotografie), Filmwerke
- Darstellungen wissenschaftlicher und technischer Art (u. a. Zeichnungen, Pläne, Karten, Skizzen, Tabellen)

Unterscheidung Copyright und Urheberrecht

Copyright und **Urheberrecht** sind nicht identisch, doch für den Alltag in der Presse- und Öffentlichkeitsarbeit sind die Unterschiede nicht relevant. Beide Rechte schützen kreative Werke wie Bilder, Texte, Filme, Musik und Videos. Verletzungen können zu massivem Ärger und Strafen führen – ob dann im Schreiben des Rechtsanwalts eine Urheber- oder Copyrightverletzung steht, macht letztlich keinen Unterschied. Wer interessiert ist, mehr über die Unterschiede zu erfahren, findet im Literaturverzeichnis Links zum Thema.

> **Achtung:** Es ist wichtig, zu wissen, dass die oben genannten Punkte nicht nur für analoge Veröffentlichungen gelten, sondern ebenso für alles, was online veröffentlicht und bei Internetrecherchen gefunden werden kann!

3.1.2 Die Bedeutung in der Praxis

Häufig ist Mitarbeitenden nicht klar, welche Konsequenzen Urheberrecht oder Copyright für den Alltag haben.

Es bedeutet,

- dass ich kein Foto aus dem Internet „einfach so" für eine Einladung zu einer Veranstaltung nutzen kann,
- dass ich keinen Zeitungsartikel virtuell ausschneiden und per E-Mail versenden kann,
- dass ich keinen Ausschnitt aus Google Maps in meine Homepage einbauen kann,
- dass ich keine gerade angesagte Musik als Hintergrund meiner Präsentation verwenden kann,
- dass ich kein Foto, das mir gefällt, einfach in meinen Flyer einbauen kann.

NOCHMALS: Ich darf keinen Zeitungsartikel und kein Foto einfach ausschneiden und an eine E-Mail anhängen!

Schulung zu Nutzungsrechten

Alle Mitarbeitenden sollten durch die PR-Abteilung sowohl mündlich als auch schriftlich über dieses wichtige Thema informiert werden. Es ist empfehlenswert, die schriftlichen Informationen in einem öffentlich zugänglichen Ordner, im Intranet oder an einer anderen zentralen Stelle zu hinterlegen. So haben alle Mitarbeitenden jederzeit Zugriff darauf und im Fall einer Urheberrechtsverletzung kann nachgewiesen werden, dass entsprechende Schulungen und Aufklärungen stattgefunden haben. Dies ist besonders wichtig, denn wenn die arbeitgebende Organisation belegen kann, dass sie ihre Mitarbeitenden umfassend informiert und geschult hat, kann dies bei rechtlichen Auseinandersetzungen eine entscheidende Rolle spielen, um eine Klage abzuwenden oder Schadensersatzforderungen zu minimieren.

Es ist leider Realität, dass einige Anwaltskanzleien das Internet mithilfe spezieller Software gezielt durchforsten, um mögliche Urheberrechtsverstöße aufzuspüren. Sobald eine Verletzung gefunden wird, stellen sie hohe Schadensersatzforderungen oder drohen mit Klagen. Dieses Vorgehen ist mittlerweile zu einem lukrativen Geschäftsmodell geworden. Genau deshalb ist es so wichtig, das Thema „Urheberrecht" in sozialen Organisationen sehr ernst zu nehmen und alle Beteiligten entsprechend dafür zu sensibilisieren.

Persönlichkeitsrechte wahren

Alle Mitarbeitenden sollten ausdrücklich dazu angehalten werden, sich immer zuerst an die PR-verantwortliche Person zu wenden, bevor sie ein Foto, einen Text oder andere Inhalte verwenden, die sie „irgendwo" – sei es online oder offline – gefunden haben. Die PR-verantwortliche Person kann prüfen, ob die Nutzung des Materials rechtlich zulässig ist oder ob eine Alternative gesucht werden muss. Auf diese Weise wird nicht nur rechtlichen Problemen vorgebeugt, sondern es wird auch sichergestellt, dass die Organisation einen professionellen und verantwortungsvollen Umgang mit urheberrechtlich geschütztem Material pflegt. Denn vielfach berühren Veröffentlichungen auch Persönlichkeitsrechte!

3.1.3 Wie mache ich es richtig?

Wie bin ich auf der sicheren Seite, wenn es um die Verwendung von Fotos, Bildern, Musik, Texten etc. geht? Kein Risiko geht man ein, wenn man selbst Texte und Fotos erstellt und diese in Veröffentlichungen verwendet. Auch wenn Mitarbeitende oder Ehrenamtliche fotografieren, muss der Urheber korrekt wiedergegeben werden, es ist also der Vor- und Zuname aufzuführen. Es genügt nicht, bspw. auf der Homepage oder bei einem Pressetext „privat" oder „Rotes Kreuz" zu schreiben. Auch „Frau Müller" oder „A. Müller" ist nicht korrekt.

Richtig ist „**Foto:** Andrea Müller" oder „**Bildquelle**: Andrea Müller".

Abbildung 16: Beispiel „Klient in der Familienberatung" (Foto: Iris Lederer)

Wichtig ist außerdem, die Nutzungsrechte klar zu regeln. Mitarbeitende und Ehrenamtliche sollten schriftlich bestätigen, dass die Organisation das Material für bestimmte Zwecke uneingeschränkt verwenden darf.

Nutzung dokumentieren

Für Musik und Videos gilt Ähnliches. Werden bspw. Musikstücke in einer Präsentation oder einem Video verwendet, müssen die Rechte daran geklärt sein. Dies kann bedeuten, dass Lizenzen von entsprechenden Plattformen erworben oder GEMA-Gebühren gezahlt werden müssen, sofern das Material nicht lizenzfrei ist. Auch hier sollte bei Eigenproduktionen klar dokumentiert werden, wer die Musik kreiert hat und welche Rechte der Organisation zur Nutzung vorliegen.

Falls man auf Inhalte von externen Quellen zurückgreifen möchte, ist selbst bei kostenlosen Datenbanken Vorsicht geboten. Es ist wichtig, dass jede Nutzung vertraglich oder schriftlich genehmigt ist. Bei Bildern aus Datenbanken wie Adobe Stock, Shutterstock oder Pixabay sollte stets geprüft werden, ob die Lizenzbedingungen auch für den geplanten Verwendungszweck ausreichen. Manchmal ist eine kommerzielle Nutzung ausgeschlossen, was die Verwendung für Flyer oder andere öffentlich zugängliche Materialien problematisch machen kann. In jedem Fall muss der Fotonachweis entweder direkt unter dem Bild oder im Impressum auftauchen.

Abbildung 17: Beispiel „Fotonachweis" (Foto: Adobe Stock)

Tipp: Viele Firmen und auch Medien geben auf Anfrage gerne Fotos und Texte für die Verwendung innerhalb einer sozialen Organisation bzw. eines sozialen Unternehmens frei. Das Entscheidende ist allerdings auch hierbei: Vor der Verwendung fragen und die schriftliche Einverständniserklärung gut aufheben.

Zusammengefasst:

- Eigene Inhalte bevorzugen: Wenn möglich Texte, Fotos und andere Inhalte selbst erstellen.
- Korrekte Namensnennung: Der vollständige Vor- und Nachname der Person, die das Werk erstellt hat, muss angegeben werden.
- Nutzungsrechte regeln: Mitarbeitende sollten schriftlich bestätigen, dass die Organisation das Material uneingeschränkt nutzen darf.
- Externe Quellen prüfen: Vor der Verwendung von Bildern, Musik oder Texten aus externen Quellen ist sicherzustellen, dass die Lizenzbedingungen passen und keine Rechte verletzt werden.

- Professionelle Datenbanken nutzen: Plattformen wie Shutterstock oder Adobe Stock bieten rechtssichere Inhalte, sofern die jeweiligen Lizenzbedingungen genau eingehalten werden.
- Schriftliche Vereinbarungen treffen: Beim Erwerb von Rechten oder der Nutzung fremder Inhalte sollte stets eine schriftliche Genehmigung vorliegen.

Durch diese Maßnahmen können sowohl rechtliche Probleme als auch unnötige Kosten durch Schadenersatzforderungen oder Klagen vermieden werden. Gleichzeitig wird die Professionalität der Organisation bei Veröffentlichungen unterstrichen.

Tipp: Dieses Thema sollte immer wieder von der Geschäftsführung und der für die PR verantwortlichen Person freundlich, aber hartnäckig an die Mitarbeitenden herangetragen werden, da es leider häufig nicht präsent ist und es oft von den Mitarbeitenden heißt: „Es war doch nur ein Zeitungsausschnitt als Anhang zu einem Förderungsantrag."

3.1.4 Pressearchiv auf der Homepage

Ein Pressearchiv auf der Homepage oder im Intranet einer Organisation kann eine gute Möglichkeit sein, um zu zeigen, was die soziale Organisation leistet und wie sie in der Öffentlichkeit wahrgenommen wird. Es dient als Referenz für potenzielle Unterstützende, Fördernde, Ehrenamtliche und Interessierte, die sich schnell einen Überblick darüber verschaffen möchten, wie Medien über die Arbeit der Organisation berichten. Gleichzeitig kann es eine wertvolle Ressource für die interne Kommunikation und Dokumentation sein.

Doch Vorsicht! Auch bei der Veröffentlichung von Zeitungsartikeln im Pressearchiv gelten strenge urheberrechtliche Vorgaben. Jeder einzelne Artikel, der auf der Homepage hochgeladen oder im Archiv öffentlich zugänglich gemacht wird, benötigt die ausdrückliche, schriftliche Zustimmung der jeweiligen Redaktion oder des Medienhauses. Das liegt daran, dass journalistische Beiträge – ebenso wie Bilder, Grafiken oder Videos – urheberrechtlich geschützt sind. Ohne diese Einwilligung kann die Veröffentlichung eine Verletzung des Urheberrechts darstellen, was wieder zu rechtlichen Konsequenzen wie Schadenersatzforderungen oder Klagen führen kann.

Verbreitung von Fotos

Selbst wenn die Artikel in gedruckter Form von der sozialen Organisation an die Medien geschickt oder zur freien Verfügung gestellt wurden, bedeutet das nicht automatisch, dass sie auf der eigenen Homepage oder in anderen digitalen Kanälen in der gedruckten Form verwendet werden dürfen. Die Weiterverbreitung im Internet stellt einen eigenen Verbreitungsweg dar, der unabhängig von der ursprünglichen Veröffentlichung betrachtet wird. Deshalb ist es unerlässlich, vorab schriftlich zu klären, ob und unter welchen Bedingungen ein Artikel online im Pressearchiv eingebunden werden darf.

Beispiel: E-Mail an Redaktion

Betreff: *Anfrage zur Veröffentlichung eines Artikels*

Guten Tag Frau Schneider,

wir würden gerne den kürzlich veröffentlichten Artikel über unsere Kindertagesstätte Mohnblume auf unserer Webseite sowie in unseren Social-Media-Kanälen verwenden. Wären Sie damit einverstanden? Selbstverständlich würden wir die Quelle klar kennzeichnen und auf Ihre Seite verlinken.

Über eine kurze Rückmeldung würden wir uns sehr freuen. Vielen Dank im Voraus!

Mit freundlichen Grüßen
Mona Wegner

Leitung Kita Mohnblume

Regeln für die Freigabe

Was muss bei der Freigabe beachtet werden?

- Kontaktaufnahme mit der Redaktion: Vor der Veröffentlichung eines Artikels sollte die verantwortliche Redaktion kontaktiert werden, siehe obiges Beispiel. Hierbei kann ein kurzer, höflicher Hinweis erfolgen, dass das soziale Unternehmen den Artikel gerne in seinem Pressearchiv auf der Homepage oder im Intranet aufnehmen möchte. Es ist wichtig, dies schriftlich zu tun, um Missverständnisse zu vermeiden und später eine klare Dokumentation der Genehmigung zu haben. Die Zustimmung sollte idealerweise in Form einer E-Mail oder eines offiziellen Schreibens vorliegen. Telefonische Zusagen oder mündliche Absprachen sind nicht ausreichend, da sie im Streitfall schwer nachweisbar sind.

- Lizenzbedingungen klären: In manchen Fällen verlangen Redaktionen oder Medienhäuser eine Lizenzgebühr für die Nutzung ihrer Artikel. Dies ist insbesondere bei größeren Verlagshäusern üblich. Es sollte genau geklärt werden, ob eine kostenlose Nutzung erlaubt ist oder ob Kosten anfallen und in welchem Umfang der Artikel genutzt werden darf (z. B. nur online, nur für eine bestimmte Zeit oder nur in einem bestimmten Kontext).

- Quellenangabe und Urheberhinweis: Auch mit einer Genehmigung muss die Quelle des Artikels klar benannt werden. Das bedeutet, dass der Name der Zeitung und das Veröffentlichungsdatum ersichtlich sein müssen, z. B.: Quelle: „Tageszeitung Bruchsal", 15. November 2024.

- Aktualisierung und Pflege des Archivs: Ein Pressearchiv sollte regelmäßig überprüft werden, um sicherzustellen, dass alle veröffentlichten Artikel weiterhin den vereinbarten Bedingungen entsprechen. Es ist möglich, dass eine Redaktion eine zeitlich begrenzte Genehmigung erteilt hat oder dass Artikel nach einer bestimmten Zeit wieder entfernt werden müssen.

- Warum ist das so wichtig? Die Missachtung dieser Vorgaben kann schwerwiegende Konsequenzen haben. Wie schon erwähnt, beschäftigen große Verlagshäuser und Redaktionen oft spezialisierte Anwaltskanzleien, die gezielt nach Urheberrechtsverletzungen suchen. Wird ein Artikel ohne Genehmigung verwendet, können hohe Schadenersatzforderungen auf die Organisation zukommen. Diese können nicht nur finanziell belastend sein, sondern auch das Image der Organisation in der Öffentlichkeit beschädigen. Außerdem gibt es leider spezialisierte Anwaltskanzleien, die ohne Auftrag nach Verstößen im Netz suchen und mit diesen Abmahnungen ihr Geld verdienen.

- Ein Verstoß gegen das Urheberrecht kann dazu führen, dass die Zusammenarbeit mit den betreffenden Medien erschwert oder ganz eingestellt wird. Das wäre besonders nachteilig, da eine gute Beziehung zu lokalen und überregionalen Redaktionen für die PR-Arbeit und die Bekanntheit der Organisation von großem Vorteil ist.

Alternative Lösungen:

Rechtssicher im Pressearchiv

Verlinkungen: Wenn es nicht möglich ist, eine Genehmigung zu erhalten, dann gibt es eine rechtssichere Alternative: Statt den vollständigen Artikel im Pressearchiv hochzuladen, kann ein Link zur Webseite des jeweiligen Mediums gesetzt werden. So bleibt die Leserschaft informiert, ohne dass urheberrechtliche Bestimmungen verletzt werden. Allerdings sollte vorher geprüft werden, ob der Artikel tatsächlich dauerhaft online verfügbar ist und ob eine Verlinkung erlaubt ist – denn auch das untersagen manche Verlage.

Ursprünglichen Text und Foto einstellen: Es kann auf der Homepage unter „Pressearbeit" die Originalpressemitteilung mit dem zugehörigen Foto hochgeladen werden, also der Artikel, der an die Medien versandt wurde. Wenn – wie oben erklärt – die fotografierende Person mit Vor- und Zunamen genannt ist, dann ist diese Methode absolut unbedenklich.

Zusammenfassung:

- Ein Pressearchiv ist eine wertvolle Ergänzung für die Homepage, aber jeder veröffentlichte Artikel benötigt die schriftliche Genehmigung der Redaktion.
- Ohne Zustimmung drohen rechtliche und finanzielle Konsequenzen.
- Die Quelle und der Urheber/Urheberin müssen immer klar benannt werden.
- Alternativ können Verlinkungen genutzt werden, sofern sie rechtlich zulässig sind.
- Unbedenklich ist das Hochladen der ursprünglichen Pressemitteilung.

Tipp: Das klingt sehr anstrengend und kompliziert. In der Praxis besteht jedoch meist eine gute Vernetzung mit den regionalen Medien und eine schriftliche Einwilligung ist problemlos zu erhalten. Mit einem sorgfältig geführten Pressearchiv kann die Organisation professionell auftreten und zugleich rechtlich auf der sicheren Seite bleiben, es ist also die Mühe wert!

3.2 Impressum

Noch mehr Rechtliches? Keine Angst, dieser Punkt ist deutlich kürzer als 3.1! Außerdem muss an diesen Punkt nur einmal gedacht werden und nicht täglich. Wenn ein Impressum einmal angelegt ist, dann ist es nur noch zu überprüfen und zu adaptieren, wenn es Veränderungen bspw. bei Umzug, alternativen Telefonnummern oder neuen Verantwortlichen in der Geschäftsführung oder bei den Gesellschaften gibt. Weiterführende Infos finden sich im Literaturhinweis.

3.2.1 Was versteht man unter einem Impressum?

Definition „Impressum"

„Ein Impressum ist eine gesetzlich vorgeschriebene Informationsquelle, die Betreibern von Webseiten auferlegt, ihre Identität klar und transparent offenzulegen. Diese Regelung ist im Digitalen-Dienste-Gesetz (DDG) festgehalten."

Ein Impressum ist eine **digitale Visitenkarte**. Es ermöglicht den Nutzenden, die Seriosität des Webseitenbetreibers zu überprüfen, sich über die dahinterstehende Organisation oder Person zu informieren und bei Bedarf Kontakt aufzunehmen – sei es für Fragen, Anliegen oder die Durchsetzung rechtlicher Ansprüche.

3.2.2 Welche Angaben gehören in ein Impressum?

Ein Impressum muss bestimmte Mindestangaben enthalten, um den gesetzlichen Anforderungen zu genügen. Diese umfassen:

- Name
- bei Unternehmen: der vollständige Firmenname sowie der Name des Vertretungsberechtigten
- Rechtsform (nur bei Unternehmen): z. B. GmbH, AG oder e. V.
- Anschrift: die vollständige Adresse (Straße, Hausnummer, Postleitzahl, Ort); ein Postfach reicht nicht aus
- Kontaktmöglichkeiten: Angaben, unter denen der Betreiber schnell erreichbar ist – sowohl elektronisch (z. B. E-Mail-Adresse) als auch telefonisch.
- Umsatzsteuer-Identifikationsnummer oder Wirtschaftssteuer-Identifikationsnummer (falls vorhanden)
- Registerangaben (falls zutreffend): etwa die Handelsregisternummer und das Registergericht

3.2.3 Wo sollte das Impressum auf der Webseite zu finden sein?

Das Impressum muss leicht zugänglich und von jeder Seite aus direkt abrufbar sein. In der Regel erfolgt dies über einen klar benannten Link wie „Impressum" oder „Kontakt". Dieser Link sollte gut sichtbar und nicht in den Allgemeinen Geschäftsbedingungen (AGB) oder anderen schwer auffindbaren Bereichen versteckt sein. Außerdem ist wichtig, dass für den Zugriff keine speziellen Programme erforderlich sind – die Angaben müssen für alle Nutzenden jederzeit und barrierefrei einsehbar sein.

Impressum

WALHALLA – eine Marke der Walhalla Mediengruppe

Walhalla u. Praetoria Verlag GmbH & Co. KG
Haus an der Eisernen Brücke
93042 Regensburg

Telefon: 0941 5684-0
Telefax: 0941 5684-111
E-Mail: walhalla@walhalla.de
Internet: www.walhalla.de

Zur Walhalla Mediengruppe gehören die Marken WALHALLA, Deichmann+Fuchs, metropolitan, karriereführer und Annual Multimedia Award.

Abbildung 18: Beispiel „Impressum Walhalla Mediengruppe" (Quelle: Screenshot www.walhalla.de)

3.2.4 Was passiert, wenn kein Impressum vorhanden ist?

Ein fehlendes Impressum stellt einen Verstoß gegen gesetzliche Vorgaben dar. Die Folgen können erheblich sein:

- Das Fehlen eines Impressums gilt als unlauterer Wettbewerb und kann zu Unterlassungsansprüchen führen. Häufig werden diese Ansprüche durch kostenpflichtige Abmahnungen geltend gemacht und können zu hohen Bußgeldern führen.

Tipp: Ein korrektes und gut zugängliches Impressum ist nicht nur eine gesetzliche Pflicht, sondern auch ein Zeichen für Professionalität und Transparenz. Daher stellen Sie sicher, dass alle erforderlichen Informationen vollständig und verständlich bereitgestellt und regelmäßig auf Aktualität überprüft werden, um rechtliche Risiken zu vermeiden und das Vertrauen der Nutzenden zu stärken.

3.3 Einverständniserklärungen

3.3.1 Fotos und Videos – was ist erlaubt?

Das Sommerfest im Pflegeheim ist geplant und findet bei strahlendem Sonnenschein statt. Viele Angehörige kommen, um gemeinsam mit ihren Lieben einen schönen Tag zu verbringen, lecker zu essen und zu trinken, dem Musikprogramm zu lauschen und nette Gespräche zu führen. Das soll durch die Presse- und Öffentlichkeitsarbeit festgehalten werden. Ein Beitrag für die lokale Presse ist ebenso geplant wie Veröffentlichungen auf der Homepage, im Jahrbuch und auf den Social-Media-Kanälen.

Datenschutz im Blick behalten

Bevor es ans Knipsen geht, müssen allerdings wieder einige datenschutzrechtliche Punkte geklärt werden. Grundsätzlich gilt: Bei einer öffentlichen Veranstaltung, bspw. der Beteiligung an einem Stadtfest oder Weihnachtsmarkt, muss bei einem Foto von der Menge üblicherweise keine Einwilligung der fotografierten Personen eingeholt werden. Andernfalls wäre eine Berichterstattung im Fernsehen oder in Zeitungen grundsätzlich gar nicht möglich.

Abbildung 19: Ehrenamtliche Motoradgruppe „Street Bunnies" (Foto: Iris Lederer)

So ist bei dieser Aufnahme vor der Veröffentlichung keine Einverständniserklärung notwendig, da die „Street Bunnies", eine wohltätige Motorradgruppe, als Personen nicht individuell erkennbar sind.

Anders sieht es aus, wenn einzelne Personen oder Personengruppen – auch bei einer öffentlichen Veranstaltung – klar erkennbar sind. Dann ist ihre Einwilligungserklärung notwendig.

Bei internen Veranstaltungen, z. B. beim Sommerfest im Pflegeheim, sollte mit einem Plakat, gut sichtbar an allen Eingängen, darauf hingewiesen werden, dass Fotos gemacht werden. Der Hinweis kann auch schon in der Einladung erfolgen.

Darin sollte stehen, dass auf der Veranstaltung Fotos und Videos gemacht und diese für die Presse- und Öffentlichkeitsarbeit genutzt werden. Man setzt das Einverständnis voraus und bittet ansonsten, die für die PR verantwortliche Person zu kontaktieren.

Abbildung 20: Aushang „Fotoaufnahmen" (Quelle: eigene Darstellung mit Canva)

Dieser Hinweis ist im Normalfall für größere Gruppenfotos ausreichend. Anders sieht es auch hier aus, wenn Einzel- oder Kleinstgruppenaufnahmen gemacht werden. Dafür sollte immer eine schriftliche Einwilligung eingeholt werden. Mustervorlagen finden sich im nächsten Abschnitt und im Literaturhinweis.

- Ganz besonders sensibel ist die Situation mit Kindern. Hier ist immer die schriftliche Einwilligung der erziehungsberechtigten Personen (ja, in der Mehrzahl!) notwendig. Es könnte sein, dass ein Elternteil den Fotos zustimmt und ein Elternteil nicht. Das kann zu unschönen Szenen und Situationen führen. Daher bitte immer von allen erziehungsberechtigten Personen die schriftliche Einwilligung einholen!

- Vorsicht ist auch bei Menschen mit Demenz oder ähnlichen Erkrankungen geboten, denn es ist nicht sichergestellt, ob die Entscheidung bewusst gefällt wurde. Im Zweifelsfall lieber die Angehörigen einmal zu viel fragen und um eine schriftliche Zustimmung bitten.

- Für Werbematerialien, etwa einen Flyer für die Erziehungs- oder Schuldnerberatung, empfiehlt es sich, „Laiendarsteller" abzulichten, z. B. aus dem Kreis der Mitarbeitenden oder dem befreundeten Umfeld, und nicht „echte" Betroffene.

- Alle Mitarbeitenden sollten auf alle Fälle eine Einverständniserklärung ausfüllen, in der die Veröffentlichung auf Fotos oder Videos ggf. auch abgelehnt werden kann. Es muss für jeden Mitarbeitenden dokumentiert sein, ob eine Verwendung mit Bild und Ton erlaubt ist.

- Grundsätzlich können Personen auch von hinten fotografiert oder bspw. nur Hände abgelichtet werden, um einen Social-Media-Post zu machen. Es ist nicht immer notwendig, das Gesicht mit abzubilden. Notfalls kann ein Gesicht auch unkenntlich gemacht werden, doch aus ästhetischen Gründen sollten solche bearbeiteten Fotos sehr sparsam genutzt werden.

Abbildung 21: Anonymisierte Darstellung eines Betroffenen der Suchtberatung (Foto: Iris Lederer)

Tipp: Im Zweifelsfall einmal zu viel als zu wenig fragen, wenn es um die Veröffentlichung und Nutzung von Fotos und Videos geht!

3.3.2 Muster für Einverständniserklärung

Hier sind einige Mustervorlagen aufgeführt. Weitere Links sind im Literaturverzeichnis zu finden. Diese Vorlagen können individuell angepasst werden.

Beispiel 1: Einverständniserklärung für Mitarbeitende, allgemein

Einverständniserklärung zum Erstellen und Verbreiten von Foto-, Film- und Tonaufnahmen zu Zwecken der Öffentlichkeitsarbeit

Hiermit erkläre ich mich einverstanden, dass Foto-, Film- und Tonaufnahmen, die das Pflegeheim Marien im Rahmen meiner Aufgaben und Tätigkeiten erstellt und auf denen ich abgebildet bin, verwendet werden dürfen

( ) für betriebsinterne Zwecke, z. B. in den Hausmitteilungen,

( ) für Zeitungsberichte, Jahresberichte, Chroniken und/oder Präsentationen,

( ) auf den aktuellen oder künftigen Social-Media-Seiten, z. B. Facebook: https://www.facebook.com/PflegeheimMarien, Instagram: pflegeheim_marien,

( ) auf der **Homepage** des Pflegeheims Marien (www.pflegeheimmarien.de),

( ) für die Vorführung vor interessierten Personen in **kommunalpolitischen Gremien und anderen Kreisen,**

( ) in **Rundfunk und Fernsehen**, soweit dadurch keine schutzwürdigen Interessen meiner Person beeinträchtigt werden. In diesem Fall wird bei Bedarf im Einzelfall um Einwilligung ersucht.

( ) **Ich willige nicht ein, dass Foto- Film- und Tonbandaufzeichnungen von meiner Person gemacht und veröffentlicht werden.**

Die unterzeichnende Person wird darauf hingewiesen, dass diese Einwilligung freiwillig ist und jederzeit widerrufen werden kann.

Name: ______________________________

Organisationseinheit/Tätigkeit: ______________________________

____

Ort, Datum, Unterschrift mitarbeitende Person

Beispiel 2: Einverständniserklärung ausführlich

Während bei dem Beispiel unter 3.3.1 ein internes Sommerfest mit einer sehr reduzierten Einverständniserklärung aufgeführt wurde, ist ein umfangreicheres Plakat notwendig, wenn auch Gäste „von außen" erwartet werden, d. h. ohne Bezug zum Pflegeheim. Dies kann bspw. bei einem Tag der offenen Tür mit dem Besuch eines bekannten Ehrengasts aus Politik, Gesellschaft oder Wirtschaft oder einer beliebten Musikgruppe der Fall sein.

Dann wäre diese zweiseitige Einverständniserklärung sinnvoll:

Einverständniserklärung zu Foto- und/oder Filmaufnahmen

Ich erkläre mich damit einverstanden, dass im Rahmen der Veranstaltung (Name, Ort, Datum) Bilder und/oder Videos von den Teilnehmenden gemacht werden und zur Veröffentlichung

- auf der Homepage des Pflegeheims Marien *(www.XY.de),*
- in (Print-)Publikationen von und durch das Pflegeheim Marien sowie
- auf den Social-Media-Accounts des Pflegeheims Marien

verwendet und zu diesem Zweck auch abgespeichert werden. Die Fotos und/oder Videos dienen ausschließlich der Öffentlichkeitsarbeit des Pflegeheims Marien.

Ich bin mir darüber im Klaren, dass Fotos und/oder Videos im Internet von beliebigen Personen abgerufen werden können. Es kann trotz aller technischen Vorkehrungen nicht ausgeschlossen werden, dass solche Personen die Fotos und/oder Videos weiterverwenden oder an andere Personen weitergeben.

Ich habe die umseitigen Hinweise gemäß Art. 13 DSGVO gelesen und verstanden.

Diese Einverständniserklärung ist freiwillig und kann gegenüber dem Pflegheim Marien, vertreten durch XY, Abteilung XY, jederzeit mit Wirkung für die Zukunft widerrufen werden. Sind die Aufnahmen im Internet verfügbar, erfolgt die Entfernung, soweit dies dem Pflegeheim Marien möglich ist.

Name des Teilnehmenden (in Druckbuchstaben)

Ort/Datum

Unterschrift des Teilnehmenden ab 16 Jahre

Unterschrift der personensorgeberechtigten Person (bei Jugendlichen unter 16 Jahren)

Datenschutzhinweise hinsichtlich der Herstellung und Verwendung von Foto- und/oder Videoaufnahmen gemäß Art. 13 DSGVO

1. **Name und Kontaktdaten**
   Verantwortlich für die Datenverarbeitung ist

   Name, Organisation, verantwortliche Person, Name, Funktion, Anschrift, Telefonnummer, E-Mail-Adresse

2. **Zweck der Verarbeitung:**
   Die Fotos und/oder Videos dienen ausschließlich der Öffentlichkeitsarbeit des Pflegeheims Marien.

3. **Rechtsgrundlagen der Verarbeitung:**
   Die Verarbeitung von Fotos und/oder Videos (Erhebung, Speicherung und Weitergabe an Dritte, siehe unter 5.) erfolgt aufgrund der ausdrücklichen Einwilligung der personensorgeberechtigten Person bzw. der betroffenen Person, mithin gemäß Art. 6 Abs. 1 Buchstabe a DSGVO. Die Veröffentlichung ausgewählter Bilddateien in (Print-)Publikationen von und durch das Pflegeheim Marien sowie auf dessen Homepage/Social-Media-Accounts o. Ä. ist für die Öffentlichkeitsarbeit des/der Veranstalters/-in erforderlich und dient damit der Wahrnehmung berechtigter Interessen der Beteiligten, Art. 6 Abs. 1 Buchstabe f DSGVO.

4. **Kategorien:**
   Die Fotos und/oder Videos werden nicht an Dritte weitergeben.
   ODER: Die Fotos und/oder Videos werden AUS DIESEM GRUND an Dritte (AN WEN? KONKRETE NENNUNG) weitergegeben. Zu Zwecken der Öffentlichkeitsarbeit werden sie ggf. auf der Homepage des Pflegeheims Marien eingestellt sowie für die Social-Media-Accounts des Pflegeheims Marien verwendet.

5. **Dauer der Speicherung der personenbezogenen Daten:**
   Fotos- und/oder Videos, die für die Zwecke der Öffentlichkeitsarbeit des Pflegeheims Marien gemacht werden, werden vorbehaltlich eines Widerrufs der Einwilligung des/der Betroffenen auf unbestimmte Zeit zweckgebunden gespeichert.

6. **Widerrufsrecht bei Einwilligung:**
   Die Einwilligung zur Verarbeitung der Fotos und/oder Videos kann jederzeit für die Zukunft widerrufen werden. Die Rechtmäßigkeit der aufgrund der Einwilligung bis zum Widerruf erfolgten Datenverarbeitung wird durch diesen nicht berührt.

7. **Betroffenenrechte:**
   Nach der Datenschutzgrundverordnung stehen Ihnen folgende Rechte zu:

   a) Werden ihre personenbezogenen Daten verarbeitet, so haben sie das Recht, Auskunft über die zu ihrer Person gespeicherten Daten zu erhalten (Art. 15 DSGVO).

   b) Sollten unrichtige personenbezogene Daten verarbeitet werden, steht Ihnen ein Recht auf Berichtigung zu (Art. 16 DSGVO).

   c) Liegen die gesetzlichen Voraussetzungen vor, so können Sie die Löschung oder Einschränkung der Verarbeitung verlangen sowie Widerspruch gegen die Verarbeitung einlegen (Art. 17, 18, 21 DSGVO).

d) Wenn Sie in die Datenverarbeitung eingewilligt haben oder ein Vertrag zur Datenverarbeitung besteht und die Datenverarbeitung mithilfe automatisierter Verfahren durchgeführt wird, steht Ihnen ggf. ein Recht auf Datenübertragbarkeit zu (Art. 20 DSGVO).

Sollten Sie von den genannten Rechten Gebrauch machen, prüft die verantwortliche Person beim Pflegeheim Marien, ob die gesetzlichen Voraussetzungen hierfür vorliegen. Weiterhin besteht ein Beschwerderecht bei der Landesbeauftragten für Datenschutz des Landes XY.

3.4 Cookies

Webseiten ohne Cookies sind heutzutage nicht mehr vorstellbar. Es mag „lästig" erscheinen, aber wenn Sie auf ihrer Webseite Cookies verwenden, dann müssen Sie darüber informieren und in vielen Fällen vorher um Zustimmung bitten. Diese sogenannte „Cookie-Pflicht" ist gesetzlich vorgeschrieben – sie basiert auf der Datenschutz-Grundverordnung (DSGVO) und dem Telekommunikation-Telemedien-Datenschutz-Gesetz (TTDSG).

Zustimmung erforderlich

Vor allem Cookies, die nicht unbedingt für den Betrieb der Webseite notwendig sind – z. B. für Werbung oder zur Analyse des Nutzerverhaltens – dürfen nur eingesetzt werden, wenn die nutzenden Personen ausdrücklich zustimmen. Das geschieht meist über ein Cookie-Banner, bei dem man aktiv auf „Akzeptieren" klicken muss. Dieses kann mithilfe einer spezialisierten Firma für die Homepage erstellt werden. Es gibt aber auch (kostenlose) Anleitungen im Netz.

Wichtig: Die Zustimmung kann jederzeit widerrufen oder geändert werden. So soll sichergestellt werden, dass alle selbst entscheiden können, welche Daten gespeichert und verwendet werden dürfen.

4. Kommunikation

Kommunikation ist nicht nur das verbindende Element innerhalb von Organisationen, es ist auch das verbindende Element nach außen. „Man kann nicht nicht kommunizieren" – dieser berühmte Satz des 2007 verstorbenen Psychotherapeuten, Philosophen und Kommunikationswissenschaftlers Paul Watzlawick gilt bis heute. Watzlawick meinte damit, dass jede Kommunikation Verhalten ist – auch die, die nicht verbal geäußert wird. Deshalb ist es wichtig, Kommunikation für soziale Organisationen komplex zu denken, gut zu planen und auch die Wirkung von „keiner Kommunikation" zu berücksichtigen: Äußert sich ein soziales Unternehmen nicht zu einem Vorgang von öffentlichem Interesse, bspw. der Schließung einer Einrichtung, lässt auch das Rückschlüsse zu – nicht nur auf den Vorgang selbst, sondern auch auf die Organisation und die „Gründe" für das Schweigen. Vermutungen werden angestellt. Deshalb ist Schweigen meist keine gute Idee. Vielmehr sollte versucht werden, die Kommunikation gezielt zu steuern.

Abstimmung der Kanäle

Das erfordert eine sorgfältige Abstimmung der Kanäle und Botschaften und natürlich ein Wissen über die Adressaten. Wer hat das größte Interesse? Wer muss eingebunden werden? Im folgenden Kapitel werden interne und externe Kommunikationsstrategien in sozialen Unternehmen beleuchtet. Zudem wird ein Überblick über den Einsatz von künstlicher Intelligenz, einschließlich Tools wie ChatGPT, in der Unternehmenskommunikation gegeben – ein Thema, das umfangreich genug für ein eigenes Buch wäre, hier jedoch zumindest in Grundzügen behandelt wird.

Checkliste „Zusammenfassung: Start der Kommunikation"

Vor dem Start der Kommunikation gilt es festzulegen:

- Was will ich erreichen?
- Was muss unbedingt?
- Was kann ggf.?
- Wie ist der Handlungsrahmen?
- Welches Know-how bzw. welche Personen habe bzw. benötige ich für die Durchführung?
- Welches Budget habe bzw. benötige ich für die Umsetzung der Kommunikation?

4.1 Interne Kommunikation

4.1.1 Was ist interne Kommunikation?

Interne Kommunikation umfasst den Austausch von Informationen, Nachrichten und Mitteilungen innerhalb einer Organisation, d. h. jede E-Mail, jede Präsentation, jedes Teammeeting. Sie ist ein zentraler Baustein, um den reibungslosen Ablauf von Arbeitsprozessen sicherzustellen, die Motivation der Mitarbeitenden zu fördern und ein Gefühl von Zugehörigkeit und Zusammenhalt zu schaffen.

4.1.2 Warum ist interne Kommunikation wichtig?

Eine effektive interne Kommunikation sorgt dafür, dass alle Mitarbeitenden gut informiert sind. Sie erfahren transparent und direkt, dass bspw. eine neue Software eingeführt wird, dass neue Mitarbeitende eingestellt werden, dass gute Ergebnisse erzielt wurden oder dass der Kaffee ab jetzt kostenlos ist. Gute interne Kommunikation fördert die Zusammenarbeit zwischen Abteilungen und Teams und motiviert und steigert in der Regel spürbar die Identifikation der Mitarbeitenden mit dem Unternehmen. Eine schlechte interne Kommunikation hingegen kann zu Frustration und einer sinkenden Arbeitsmoral führen.

4.1.3 Welche Kanäle gibt es für die interne Kommunikation?

Informelle Kanäle sind wichtig

Es gibt viele verschiedene Kanäle, über die interne Kommunikation erfolgen kann. Je nach Größe und Struktur einer Organisation können diese individuell bespielt werden:

Mündliche Kommunikation: Neben der geplanten Kommunikation in Meetings, Einzelgesprächen und Workshops finden am Arbeitsplatz „zufällige" Begegnungen am Kopierer, am Kaffeeautomaten oder im Aufzug statt. Diese Begegnungen sind für die Unternehmenskultur nicht zu unterschätzen. Auf informelle Weise tauschen sich Mitarbeitende ebenso über Themen und Probleme in ihrem Arbeitsalltag wie über private Ereignisse aus. Es macht Sinn, dass sich auch Bereichs- und Abteilungsleitungen immer mal wieder persönlich in der Kaffeeküche oder in den Gemeinschaftsbereichen blicken lassen und zwanglos mit Mitarbeitenden reden.

Zusätzlich existieren selbstverständlich strukturierte interne Organisationsformen für den gezielten Austausch:

Meetings: Regelmäßige Team- oder Abteilungsbesprechungen sind wichtig, um aktuelle Themen zu besprechen und den Austausch zu fördern. In vielen Organisationen finden täglich, wöchentlich oder monatlich in größeren und kleineren Runden Jour fixes statt, in denen über anstehende und aktuelle Themen gesprochen wird. Bitte nicht vergessen, nach diesen Meetings alle Mitarbeitenden der Abteilung über relevante Themen zu informieren!

Einzelgespräche: Diese Eins-zu-eins-Gespräche zwischen Mitarbeitenden und Vorgesetzten ermöglichen Feedback und klären individuelle Anliegen schnell und niedrigschwellig.

Workshops und Schulungen: Sie dienen der Weiterbildung, fördern den Dialog zwischen den Teilnehmenden und sorgen dafür, dass die Mitarbeitenden immer auf dem neuesten Stand in ihrem jeweiligen Tätigkeitsbereich sind. Außerdem können bereichsübergreifende Schulungen und Workshops zu Themen wie „Sicherheit", „Datenschutz", „Erste Hilfe", „Neue Software" und vielen mehr organsiert werden, die auch das Kennenlernen von Mitarbeitenden aus ganz anderen Bereichen und Standorten ermöglichen.

Digitale Kanäle: In Zeiten von Homeoffice, Remote Work und verschiedenen Standorten eines Unternehmens ist es sinnvoll und wichtig, auch verschiedene digitale Kanäle zur internen Kommunikation zu nutzen.

Alle Kanäle nutzen

E-Mails: Sie sind die einfachste Form, um sich digital auszutauschen und schnell und zielgerichtet Informationen an Einzelpersonen oder Gruppen zu senden.

Social-Intranet: Das ist eine interne Plattform, auf der Mitarbeitende Informationen, Dokumente und Neuigkeiten finden können.

Aufgaben/Funktionen des Social-Intranets:

- Kollaboration
- Information
- individuelle Wertschätzung
- Arbeitsgrundlage
- Beteiligung

Chatdienste: Tools wie Microsoft Teams bieten eine unkomplizierte Möglichkeit für den schnellen Austausch und die Zusammenarbeit in Echtzeit.

Mitarbeiter-Apps: Für Unternehmen mit einer großen Zahl von Mitarbeitenden ohne festen Arbeitsplatz sind Apps eine gute Lösung, um alle zu erreichen.

Weitere Formen der internen Kommunikation

Neben den in 1. und 2. genannten Möglichkeiten gibt es weitere Formen der internen Kommunikation, die genutzt werden können und sollten:

Sichtbar informieren

Aushänge und Schwarze Bretter: Gerade in Einrichtungen, in denen Mitarbeitende während der Arbeitszeit keinen Zugang zu digitalen Kanälen haben, bspw. in Pflegeheimen oder Kitas, sind Aushänge oder Schwarze Bretter noch immer ein effektives Mittel, um Mitarbeitende über Aktuelles zu informieren. Hier können interne Stellenausschreibungen, neue Mitarbeitende oder die Einladung zur Weihnachtsfeier aufgehängt und gelesen werden.

Newsletter: Interne Newsletter sind eine gute Möglichkeit, um Neuigkeiten und Erfolge regelmäßig mit dem gesamten Team zu teilen. Diese können, um Papier zu sparen, digital versandt werden. Allerdings sollten sie auch in Druckform ausgelegt oder am Schwarzen Brett aufgehängt werden, falls nicht alle Mitarbeitenden eine eigene E-Mail-Adresse haben.

Feedbackboxen: Diese können physisch aufgestellt oder digital eingerichtet werden und es den Mitarbeitenden ermöglichen, anonym Rückmeldungen oder Ideen einzureichen.

Willkommenspaket für neue Mitarbeitende: Es ist ein Zeichen der Wertschätzung, dem neuen Mitarbeitenden bei Arbeitsantritt ein kleines Willkommenspaket zu überreichen. Dieses sollte neben einer Begrüßungsnachricht wichtige Informationen und ein kleines Geschenk zum Start enthalten.

Persönlicher Kontakt mit der Geschäftsführung: Auch wenn die soziale Organisation groß ist und viele Geschäftsbereiche und Standorte hat– wenigstens einmal im Jahr sollten Geschäftsführung und/oder Vorstand alle Abteilungen oder Bereiche persönlich besuchen. Dies kann im Rahmen einer Hospitation stattfinden, d. h., die Geschäftsführung arbeitet einige Stunden im Pflegeheim, im Kindergarten oder in der Suchtberatung mit.

Ein gemeinsames „Kaffeetrinken mit der Geschäftsführung" oder ein „Kamingespräch" in den Bereichen bietet ebenfalls die Möglichkeit zum Austausch. Wichtig ist, dass die Begegnung von ehrlichem Interesse geprägt ist und die Mitarbeitenden offen sprechen können, ohne Nachteile fürchten zu müssen.

Tipp: Interne Kommunikation ist ein wesentlicher Schlüssel zu einer erfolgreichen sozialen Organisation mit motivierten, engagierten Mitarbeitenden. Es ist dabei wichtig, nicht nur auf eine Kommunikationsform zu setzen, sondern den passenden Mix für die eigene Organisation zu wählen. Es muss sichergestellt sein, dass **alle** Mitarbeitenden erreicht und eingebunden werden.

4.1.4 Was kommuniziere ich in der internen Kommunikation?

Wir wissen nun, wie wichtig die interne Kommunikation ist. Die Mitarbeitenden sollen informiert, motiviert und wertgeschätzt werden und über alle relevanten Themen auf dem Laufenden gehalten werden. Doch was genau soll nun in Team-Meetings oder internen Newslettern kommuniziert werden?

Vielfältige Themen für Kommunikation

Es gibt viel zu berichten über soziale Organisationen. Die Themen decken ein sehr breites Spektrum ab. Sie lassen sich wie folgt gliedern:

Unternehmensziele und Strategien:

- **Vision und Mission:** Was sind die langfristigen Ziele und Werte des Unternehmens?
- **Strategische Ausrichtungen:** Informationen über zukünftige Projekte oder geplante Veränderungen
- **Erfolgsmeldungen:** Zielerreichungen und Meilensteine, um Wertschätzung zu zeigen sowie Motivation und Identifikation bei den Mitarbeitenden zu fördern

Organisatorische Themen:

- **Strukturänderungen:** Informationen zu Umstrukturierungen, neuen Teams oder Abteilungen
- **Personaländerungen:** Neueinstellungen, Beförderungen, Verabschiedungen und Veränderungen in der Leitungsebene
- **Prozesse und Richtlinien:** Einführung oder Anpassung interner Prozesse, Richtlinien und Verhaltensregeln
- **Updates:** Informationen zu Projekten, Deadlines oder kurzfristigen Änderungen
- **Arbeitsanweisungen:** praktische Hilfen und Anleitungen für den Arbeitsalltag

Individuelle Themen:

- **Geburtstage**, Jubiläen oder persönliche Erfolge
- **Ankündigungen** von Veranstaltungen wie Teamevents, Workshops oder Sommer-, Weihnachtsfeier etc.

Feedback und Dialog:

- **Ergebnisse** aus Befragungen von Mitarbeitenden: offene Kommunikation über Feedback, Ergebnisse und daraus resultierende Maßnahmen
- **Einladungen** zu Meetings oder Diskussionsforen: Sicherstellung, dass alle Mitarbeitenden Gehör finden und ihre Ideen einbringen können

Krisenkommunikation:

- **Probleme offen ansprechen:** Kommunikation über Herausforderungen wie wirtschaftliche Schwierigkeiten, Projektprobleme oder Konflikte
- **Lösungsansätze präsentieren:** Wie geht die Organisation mit der Krise um und welche Maßnahmen werden ergriffen?

Tipp: „Interne vor externer Kommunikation" ist eine heilige Regel! Nichts ist schlimmer und oft auch schädlicher für eine soziale Organisation, als wenn die Mitarbeitenden wichtige, sie, das Unternehmen und die berufliche Zukunft betreffende Veränderungen aus den Medien und nicht aus der Organisation erfahren!

Prioritäten setzen

Die Prioritäten bei der internen Kommunikation werden nach Relevanz gesetzt. Was sind dringliche Themen? Wo ist Unruhe in der Organisation? Was dringt möglicherweise von innen nach außen? Nicht alles kann gleichzeitig angegangen werden. Unerlässlich ist eine transparente Kommunikation über Veränderungen in der Organisation – personeller oder struktureller Art. Ansonsten werden Gerüchte sehr schnell die Runde machen und sind dann meist sehr schwer wieder „einzufangen".

4.1.5 Wie kommuniziere ich intern?

Die Art und Weise, wie intern kommuniziert wird, hat großen Einfluss auf die Unternehmenskultur, das Arbeitsklima und die Effektivität der Zusammenarbeit. Daher sollte die interne Kommunikation bewusst gestaltet werden, um klar, respektvoll und inklusiv zu sein. Natürlich können individuelle Abteilungen oder Bereiche intern – insbesondere mündlich – auch anders kommunizieren, als es die offizielle Sprache der Geschäftsleitung ist, bspw. beim Thema „Du" oder „Sie".

„Du" oder „Sie"?

Die Entscheidung, ob intern geduzt oder gesiezt wird, hängt von der Unternehmenskultur ab.

- **Das „Du":**
  In modernen, flachen Hierarchien und sozialen Arbeitsumfeldern ist das „Du" weit verbreitet. Es signalisiert Nähe, Teamgeist und Offenheit.
- **Das „Sie":**
  In traditionelleren oder formellen Organisationen bleibt das „Sie" oft der Standard. Es schafft Distanz und respektiert Hierarchien, was in bestimmten Organisationen oder Bereichen geschätzt wird.

- **Kombination:**
  Manche Organisationen nutzen eine gemischte Form: Intern wird geduzt, bei externen Partnern gesiezt. Die Entscheidung über die bevorzugte Ansprache sollte partizipativ in der Organisation getroffen und über die Wege der internen Kommunikation allen Mitarbeitenden kommuniziert werden, um Missverständnisse zu vermeiden.

Häufig sind Mitarbeitende untereinander per „Du", während Vorgesetzte mit „Sie" angesprochen werden.

Tipp: Wenn Sie zur Geschäfts-, Bereichs- oder Abteilungsleitung gehören, überlegen Sie sich genau, wie Sie mit „Du" oder „Sie" umgehen. Es kann für Unfrieden sorgen, wenn einige Mitarbeitende geduzt, andere aber gesiezt werden, da es den Anschein einer Bevorzugung haben könnte.

Gendergerechte Sprache

Inklusion, Diskriminierungsfreiheit, Diversität und Gleichberechtigung sind zentrale Themen in vielen sozialen Organisationen. Eine gendergerechte Sprache ist ein Zeichen von Respekt gegenüber allen Geschlechtern. Sonderzeichen sind eine Möglichkeit, diesen Respekt auszudrücken, doch können sie, da nicht barrierefrei, Menschen auch ausgrenzen. Deshalb sind alternative neutrale Schreibweisen oft die bessere Wahl.

- **Gendersternchen oder Doppelpunkt:**
  Beispiel: „Mitarbeiter:innen" oder „Mitarbeiter*innen" – diese Schreibweise schließt alle Geschlechter ein, einschließlich nichtbinärer Personen.

- **Besser sind neutrale Formulierungen:**
  Wenn möglich sollten geschlechtsneutrale Begriffe verwendet werden, um die Sprache zu vereinfachen.
  Beispiel: „Teammitglieder" oder „Mitarbeitende" statt „Mitarbeiter:innen"; „Fachkräfte" statt „Mitarbeiterinnen und Mitarbeiter". Eine Übersicht von Vorschlägen ist in Kapitel 4.4 zu finden.

- **Achtung bei mündlicher Kommunikation:**
  Auch in gesprochenen Texten kann das Gendern durch kurze Pausen (z. B. „Mitarbeiter*innen") berücksichtigt werden. Wichtig ist, dass dies authentisch ist und nicht gezwungen klingt.

- **In Flyern oder längeren Artikeln kann ein Satz vorangestellt werden, um das Thema „Gendern" zu vereinfachen:** „Aufgrund der besseren Lesbarkeit wurden nicht immer alle Gender in jedem Satz verwendet. Es sind jedoch immer männlich, weiblich und divers gemeint."

Tipp: Neutrale Formulierungen sollten immer Vorrang vor der Verwendung von Sonderzeichen haben. Nicht alle Mitarbeitenden beherrschen die deutsche Sprache so perfekt, dass sie problemlos längere Texte mit Sonderzeichen gut lesen können oder die Pausen beim Sprechen verstehen.

Verständlich kommunizieren

Die Sprache in der internen Kommunikation der sozialen Organisation sollte so einfach wie möglich, klar, verständlich und dem Anlass angemessen sein. Denn auch das falsche „Corporate Wording" kann schnell (unsichtbare) Barrieren in einer Organisation schaffen.

- **Offenheit und Empathie:**
  Besonders bei sensiblen Themen wie „Veränderungen", „Feedback" oder „Krisensituationen" ist ein empathischer Ton entscheidend.
  Beispiel: „Wir wissen, dass diese Veränderung Unsicherheiten mit sich bringt. Bitte wendet euch mit euren Fragen jederzeit an uns."

- **Positiv und lösungsorientiert:**
  Anstatt Probleme zu betonen, sollte der Fokus auf Lösungen liegen.
  Beispiel: „Diese Situation bietet uns die Chance, neue Wege zu gehen."

Die Wahl des Mediums beeinflusst, wie eine Botschaft wahrgenommen wird.

- **Schriftliche Kommunikation:**
  E-Mails oder Chats sind effizient, sollten aber präzise, höflich und in ganzen Sätzen formuliert sein.
  Beispiel: „Hallo zusammen, bitte schaut euch die angehängten Unterlagen an. Bei Fragen meldet euch gerne bei mir. Andrea"

- **Persönliche Ansprache:**
  Für sensible oder komplexe Themen ist das persönliche Gespräch – notfalls in einem Zoom- oder Teams-Meeting – meistens die bessere Wahl, da hier auch Körpersprache eine Rolle spielt.

4.1.6 Barrieregerechte Kommunikation im Unternehmen

Viele soziale Organisationen sind zu Recht stolz darauf, dass ihre Gebäude barrierefrei durchdacht sind. Es gibt Rampen für Rollstuhlfahrende, Aufzüge, behindertengerechte Toiletten und vieles mehr. Woran jedoch nicht immer gedacht wird, ist es, auch barrierefrei zu kommunizieren. Darum geht es in diesem Kapitel.

Barrieregerechte interne Kommunikation stellt sicher, dass alle Mitarbeitenden – unabhängig von ihren individuellen Fähigkeiten oder Einschränkungen – Zugang zu wichtigen Informationen haben und sich aktiv am Arbeitsalltag beteiligen können.

> **Achtung:** Seit Juni 2025 gilt das Barrierefreiheitsstärkungsgesetz. Soziale Organisationen sollten insbesondere ihre Webseite auf die korrekte Umsetzung hin prüfen. Weiterführende Links hierzu gibt es im Literaturverzeichnis.

Verständlichkeit der Sprache

Sprache kann inkludieren oder auch ausgrenzen. Die Sprache in einer sozialen Organisation sollte von jedem Mitarbeitenden verstanden werden, nicht nur auf der Führungsebene, sondern auch von Mitarbeitenden, die bspw. Deutsch nicht als Muttersprache gelernt haben.

- **Klare Sprache:**
  Komplexe Fachbegriffe und lange Sätze können durch einfachere, klare Formulierungen ersetzt werden.

Beispiel:

statt: „Wir implementieren ein neues Tool zur Optimierung unserer Arbeitsprozesse." besser: „Wir nutzen bald ein neues Programm, um unsere Arbeit einfacher zu machen."

- **Vermeidung von Abkürzungen:**
  Abkürzungen und Fachjargon sollten sparsam verwendet oder erklärt werden, um Missverständnisse zu vermeiden.

Beispiel:

statt: „Wir haben eine neue 16i-Mitarbeitende.", besser – wenn auch länger: „Wir haben eine neue Mitarbeitende, die über das Teilhabechancengesetz zu uns gekommen ist. Dieses Gesetz unterstützt Menschen, die lange arbeitslos waren, dabei, wieder auf dem Arbeitsmarkt Fuß zu fassen."

- **Vermeidung von Sonderzeichen**
  Wie unter 4.1.3 bereits angesprochen sollte auf Sonderzeichen wie „*", „:" oder „_" bei der gendergerechten Sprache am besten ganz verzichtet werden. Sie sollten nur sehr sparsam eingesetzt und stattdessen besser neutrale Formulierungen verwendet werden.

- **Kontraste und Lesbarkeit:**
  Für Präsentationen, E-Mails oder Aushänge sollten kontrastreiche Farben und gut lesbare Schriftarten verwendet werden, um die Lesbarkeit für Menschen mit Sehbeeinträchtigungen zu gewährleisten.

Beispiel:

schwarze Schrift auf weißem Hintergrund statt hellgrauer Schrift auf hellem Hintergrund

- **Alternative Formate:**
  Dokumente sollten bei Bedarf auch in Formaten wie Großdruck oder als barrierefreie PDFs angeboten werden.

Auditive Barrierefreiheit

- **Untertitel und Transkripte:**
  Für Videos oder Audioinhalte sollten Untertitel oder schriftliche Transkripte bereitgestellt werden, um auch hörbeeinträchtigte Personen mit einzubeziehen.

- **Barrierefreie digitale Plattformen:**
  Interne Kommunikationssysteme wie Intranet oder Mitarbeiterportale/Infoscreens sollten die Barrierefreiheitsstandards erfüllen.

- **Screenreader-kompatible Inhalte:**
  Texte und Dokumente sollten so formatiert sein, dass sie von Screenreadern gelesen werden können. Das bedeutet bspw., Überschriften und Absätze auf der Intranetseite korrekt zu formatieren.

- **Mehrsprachige Inhalte:**
  Soziale Organisationen haben oft eine internationale Belegschaft. Deshalb sollten wichtige Informationen bei Bedarf in mehreren Sprachen zur Verfügung stehen.

- **Visuelle Symbole:**
  Piktogramme oder Bilder können komplexe Informationen leicht verständlich erklären.

Tipp: Barrieregerechte Kommunikation ist nicht nur ein Zeichen von Wertschätzung und Inklusion, sondern stellt auch sicher, dass alle Mitarbeitenden alle wichtigen Informationen erhalten und verstehen. Auch wenn möglicherweise nicht alle oben genannten Punkte relevant erscheinen, so sollten sie immer mitgedacht und die interne Kommunikation immer wieder dahingehend hinterfragt werden.

Checkliste „Interne Kommunikation"
1. Wie ist die aktuelle Situation im Unternehmen?
2. Was will ich erreichen/kommunizieren?
3. Wen will und muss ich damit erreichen?
5. Wie kann ich erreichen? Vorgehensweise und Kommunikationswege festlegen
6. Internen Kommunikationskalender erstellen
7. Indikatoren zur Ermittlung der Ergebnisse festlegen

4.2 Externe Kommunikation

4.2.1 Was ist externe Kommunikation?

Externe Kommunikation umfasst alle Aktivitäten, mit denen ein soziales Unternehmen oder eine soziale Organisation Informationen, Nachrichten und Mitteilungen an die Öffentlichkeit, Medien oder andere externe Interessensgruppen übermittelt. Sie dient dazu, ein positives Image aufzubauen, die Bekanntheit zu steigern, Spenden und Fördermittel zu erhalten, Mitarbeitende zu finden und Menschen zu erreichen, die vom Angebot der sozialen Organisation überzeugt werden sollen. Eine klare, konsistente und an die Zielgruppen angepasste Kommunikation ist essenziell, um erfolgreich nach außen zu wirken und die Unternehmensziele zu unterstützen.

4.2.2 Welche Kanäle gibt es?

Kommunikation auf allen Kanälen

Für die PR stehen diverse Kanäle zur Verfügung, um Informationen und Mitteilungen effektiv an externe Zielgruppen und Stakeholder zu vermitteln. Die Auswahl der Kanäle hängt von der Zielgruppe, der Mitteilung und den Ressourcen des sozialen Unternehmens ab. Eine gut abgestimmte Kombination aus mehreren Kanälen maximiert die Reichweite und den Erfolg der Kommunikation. Eine Pressemitteilung bspw. kann nicht nur an die Redaktionen versandt, sondern auch auf der Homepage und auf Social Media verwendet werden.

Zu den wichtigsten Kanälen gehören:

Klassische (Massen-)Medienkanäle:

- Printmedien: (regionale) Zeitungen, Wochenblätter, Mitteilungsblätter
- (regionale) Radio- und Fernsehsender

Digitale Medienkanäle:

- **Unternehmenswebseite:** die zentrale Anlaufstelle für offizielle Informationen und Kontaktmöglichkeiten
- **Social Media:** Plattformen wie Facebook, Instagram, LinkedIn oder TikTok, um Inhalte schnell und breit zu verbreiten; auf Social Media wird näher in Kapitel 8 eingegangen.
- **E-Mail:** Newsletter oder gezielte Kampagnen z. B. für Spendenaufrufe an bestimmte Zielgruppen (*siehe Kapitel „Fundraising“*)
- **Portale:** Zunehmend haben regionale Zeitungen Onlineauftritte. Zudem gibt es Onlinemagazine sowie häufig auch bei Kommunen Portale, auf denen eigene Berichte kostenlos eingestellt werden können.

Direkte Kommunikation:

- **Pressekonferenzen/Pressegespräch:**
  zum Präsentieren wichtiger Neuigkeiten (siehe Kapitel 5.2)
- **Veranstaltungen:** Hier gibt es nahezu grenzenlose Möglichkeiten und Ideen: Jobmessen, öffentliche Aktionen, Tag der offenen Tür, kulturelle Veranstaltungen, ein musikalischer Abend mit geflüchteten Menschen, ein Demenzparcours in der Fußgängerzone, ein gemeinsames Frühstück von älteren Menschen und Kindergartenkindern usw.
- **Networking:** persönliche Gespräche und Kooperationen mit Stakeholdern

Weitere Kanäle:

Podcasts: Sie sind extrem beliebt und zwar sowohl bei älteren als auch bei jungen Menschen. Podcasts sind daher ein tolles Format, um ein Thema ausführlich darzustellen, Hintergrundinformationen zu liefern und Interviews zu führen. Da die Kapazitäten für die Presse- und Öffentlichkeitsarbeit in sozialen Organisationen meistens begrenzt sind und die Erstellung eines guten Podcasts zeitintensiv ist, hier ein Tipp:

> **Tipp:** Nehmen Sie Kontakt mit Schulen in der Nähe auf. Häufig gibt es engagierte Lehrkräfte, die in einer Arbeitsgemeinschaft, an einem Projekttag oder sogar im Rahmen des Sozialkundeunterrichts Interesse haben, einen Podcast oder ein Video zu erstellen und hier mit Ihnen zu kooperieren. Es kann z. B. ein Beitrag über die Logistik hinter der Tafel oder ein Interview mit einem Obdachlosen aufbereitet werden.

Videos: Sie können auf YouTube, Social Media und der Homepage eingesetzt werden, um visuell ansprechende Inhalte zu vermitteln. Auch hier kann – wie beim Podcast – mit Schulen zusammengearbeitet werden.

Plakat- und Außenwerbung:

Oftmals kann Außenwerbung an eigenen Gebäuden platziert werden, dann kostet nur die Herstellung. Falls bspw. Mitarbeitende im Kindergarten gesucht werden, falls ein Tag der offenen Tür im Pflegeheim stattfindet, können Plakate am Zaun oder Eingang aufgehängt werden. Auch können Bekannte oder wohlgesonnene Unterstützende gefragt werden, ob sie Räume oder Flächen zur Verfügung stellen. Oft sind Aushänge kostenlos in Bäckereien, Cafés, Supermärkten etc. möglich.

Soll es eine professionelle Kampagne werden, so ist die Stadtreklame der richtige Ansprechpartner oder Dienstleister, um bspw. Screens im öffentlichen Nahverkehr zu bestücken. Dafür braucht es dann aber ein echtes Budget, denn selbst wenn diese Kampagne nur wenige Tage oder Wochen laufen soll, sind die Kosten oft ordentlich hoch. Auch Postkastenwerbung kommt infrage, hier gibt es ebenfalls spezialisierte Dienstleister, bei denen man bestimmte Postleitzahlengebiete gezielt buchen kann.

4.2.3 Was kommuniziere ich?

Die für PR-verantwortliche Person sitzt am Schreibtisch, denkt eine Weile nach und hat dann eine Idee nach der anderen für eine gute „Story", die an die Medien versandt und extern kommuniziert wird. Nein, so funktioniert PR nicht!

PR ist Teamarbeit

Wie bereits erwähnt, ist PR-Arbeit Teamarbeit. Nur durch die Einbindung in die verschiedenen Bereiche bzw. Abteilungen einer Organisation kann die für PR-verantwortliche Person Themen „aufspüren". Der oder die PR-Verantwortliche hat nicht nur eine „Holschuld", vielmehr hat die Organisation eine „Bringschuld": Alle sollten bei Projekten und Aktionen immer daran denken, die PR-verantwortliche Person zu informieren und mit einzubinden. Es gibt verschiedene Arten von Mitteilungen und Informationen, die eine soziale Organisation gezielt nach außen tragen kann und sollte. Hierzu gehören:

Unternehmensinformationen:

- Werte und Ziele der Organisation
- personelle Veränderungen ab der Bereichsleitungs-/Abteilungsleitungsebene
- neue Räumlichkeiten, Umbau, Umzug

Hilfsangebote:

- Innerhalb der bestehenden Bereiche/Abteilungen: z. B. die Einführung von Onlineberatungen in der Erziehungsberatungsstelle
- Ganz neue Angebote: z. B. der Aufbau einer Nachbarschaftshilfe

Recruiting von Mitarbeitenden

Um neue Mitarbeitende zu finden, leistet neben bezahlter Werbung in Portalen wie Indeed oder Stepstone die Presse- und Öffentlichkeitsarbeit einen wichtigen Beitrag.

Die Vorstellung der verschiedenen Berufsfelder, möglicher Praktika und Ausbildungswege in der Organisation hilft, frühzeitig potenzielle Fachkräfte für das soziale Unternehmen zu interessieren und zu gewinnen.

- Ein Stand auf einer **regionalen oder überregionalen Jobmesse** bietet die Möglichkeit, direkt mit Interessierten Jugendlichen und Erwachsenen in Kontakt zu treten und das soziale Unternehmen bestmöglich darzustellen. **Interaktive Elemente** wie Gewinnspiele oder Ausprobierstationen steigern die Attraktivität des Standes.

- Mitarbeitende, die Menschen aus ihrem Freundes- oder Familienkreis motivieren, sich im sozialen Unternehmen zu bewerben, sind unbezahlbar. Der Anreiz, dies zu tun, kann durch eine Geld- oder Sachprämie erhöht werden.

Unkonventionelle Ansätze

Die Verteilung von Lebkuchenpersonen kann Aufmerksamkeit erregen und Sympathiepunkte sammeln. Hier sind der Kreativität auch für andere unkonventionelle Ideen keine Grenzen gesetzt. Wichtig ist es, die soziale Organisation als sympathischen Arbeitgeberin zu zeigen, die „anders" ist – wobei das „anders" positiv besetzt ist!

Abbildung 22: Verteilaktion „Wir können uns die neuen Mitarbeitenden leider nicht selbst backen!" (Foto: Iris Lederer)

Vom Alltag erzählen

Der Alltag sowie Veranstaltungen machen den Hauptteil der Presse- und Öffentlichkeitsarbeit von sozialen Organisationen aus.

Dazu zählen:

- **Eventankündigungen:** Messen, Tage der offenen Tür, Teilnahme am Weihnachtsmarkt, Kundgebungen etc.
- **Rückblicke:** Während die Eventankündigung vor der Veranstaltung erstellt wird, wird danach über die Veranstaltung berichtet.
- **Porträts von Mitarbeitenden:** Eine Erzieherin, die im Sommer per Rad über die Alpen fuhr? Ein Pfleger, der malt und eine Vernissage veranstaltet? „Role Models" sind für die Öffentlichkeit interessant und sorgen für eine positive Identifikation und Wahrnehmung der sozialen Organisation.
- **Engagement:** Das Team übernimmt eine Baumpatenschaft und kümmert sich darum, den Baum vor dem Kindergarten regelmäßig zu gießen. Oder es wird eine Abfallaufräumaktion im Umfeld der Suchtberatungsstelle organisiert. Nicht nur Sinnvolles tun, auch darüber reden und berichten!
- **Krisenkommunikation** – mehr darüber gibt es in Kapitel 6.

Tipp: Die Themen liegen zwar nicht auf der Straße, aber in allen Fachbereichen und Abteilungen. Oft ergeben sich bei einem zwanglosen Gespräch darüber, was „gerade so läuft" und geplant ist, Themen, die für die Öffentlichkeit interessant sind. Manche haben sogar Potenzial, aufgrund ihrer Relevanz ein längerfristiges Aushängeschild für das soziale Engagement der Organisation zu werden.

4.2.4 Wie kommuniziere ich?

Auf dieses Thema wurde bereits ausführlich unter „Interne Kommunikation" in Kapitel 4.1 eingegangen. Die dort beschriebenen Empfehlungen insbesondere zu den Themen „Gendern" und „Barrierefreiheit" gelten auch hier. Hinzu kommt, dass beim Benutzen von Sonderzeichen zu berücksichtigen ist, dass diese von Google und Co. nicht als gegendertes Wort erkannt werden. Dies führt dazu, dass der Beitrag in Suchmaschinen nicht gefunden wird und die Reichweite sinkt bzw. sehr niedrig bleibt.

Tipp: Es macht grundsätzlich Sinn, in einem Text, bei dem nicht für jedes Wort eine neutrale Variante gefunden wurde, abzuwechseln. Das heißt, einmal könnte im Text die männliche, dann wiederum die weibliche Form verwendet werden. Zusätzlich empfiehlt es sich, wie bereits erwähnt, zu Beginn oder am Ende des Textes einen erklärenden Satz zu verwenden.

Besondere Sprachformen

Es gibt auch die Möglichkeit, einen allgemeinen Genderhinweis zu setzen. Dieser könnte wie folgt lauten:

„Allein aus Gründen der besseren Lesbarkeit wird auf die gleichzeitige Verwendung männlicher, weiblicher und diverser Sprachformen verzichtet. Sämtliche Personenbezeichnungen gelten für alle Geschlechter."

Vorschläge für genderneutrale Formulierungen finden sich unter 4.4.

4.3 ChatGPT und Co. in der Presse- und Öffentlichkeitsarbeit

Über den Einsatz, die Risiken und die Grenzen von Künstlicher Intelligenz in der Presse- und Öffentlichkeitsarbeit könnte man ein eigenes Buch schreiben. In diesem Kapitel wird das Thema angerissen, weitergehende Lektüre findet sich in den Literaturhinweisen. Das Thema „Künstliche Intelligenz" zu ignorieren wäre genauso falsch, wie nur noch auf künstliche Intelligenz zu setzen. Gerade im sensiblen sozialen Bereich ist ohnehin besondere Vorsicht geboten. Niemals sollte ein Text ungelesen mit „Copy and Paste" übernommen werden, auch nicht für einen noch so winzigen Post auf Social Media.

4.3.1 Sinnvolle KI-Tools für die Presse- und Öffentlichkeitsarbeit

ChatGPT und ähnliche Sprachmodelle:

- **Anwendung:** Unterstützung bei der Erstellung von Texten wie Pressemitteilungen, Social-Media-Posts oder Newsletter-Entwürfen
- **Vorteil:** Zeitersparnis, kreative und alternative Formulierungsvorschläge, individuelle Anpassung der Tonalität

Canva mit KI-Funktionen:

- **Anwendung:** visuelle Gestaltung von Grafiken, Infografiken und Social-Media-Posts
- **Vorteil:** automatische Designvorschläge und einfaches Anpassen von Vorlagen

Grammarly:

- **Anwendung:** Korrekturlesen und Optimierung von Texten hinsichtlich Grammatik, Stil und Lesbarkeit
- **Vorteil:** verbessert die Textqualität und sorgt für konsistente Tonalität

Lumen5:

- **Anwendung:** Erstellen von kurzen Videos für Social Media und Webseiten
- **Vorteil:** KI wandelt Text automatisch in Videoinhalte um, einschließlich passender Bilder und Musik.

4.3.2 Was bringt der Einsatz von KI in der PR-Arbeit?

- **Zeitersparnis:**
  ChatGPT und ähnliche Tools können Routineaufgaben wie das Verfassen von Pressemitteilungen, Social-Media-Posts oder E-Mail-Entwürfen erheblich beschleunigen.
- **Kreativität und Ideenfindung:**
  KI-Tools bieten Vorschläge für Inhalte und Formulierungen, die als Inspirationsquelle dienen können.
- **Design – Canva:** Mit Canva und Co. lassen sich Inhalte unkompliziert visuell gestalten.

Beispiel:

Frage an ChatGPT: Worüber soll ich im Januar eine Pressemitteilung in einer Flüchtlingsberatungsstelle schreiben?

Antwort von ChatGPT: Eine Pressemitteilung im Januar für eine Flüchtlingsberatungsstelle könnte aktuelle Themen und Entwicklungen aufgreifen. Hier sind einige Vorschläge:

- Fassen Sie die Erfolge und Herausforderungen des vergangenen Jahres zusammen. Heben Sie besondere Projekte, erreichte Ziele oder Statistiken hervor (z. B. Anzahl der betreuten Menschen, erfolgreich vermittelte Wohnplätze). Geben Sie auch einen Ausblick auf geplante Aktivitäten, neue Angebote oder Kooperationen für das neue Jahr.
- Informieren Sie über spezifische Maßnahmen und Unterstützungsangebote im Winter wie warme Kleidung, Heizkostenzuschüsse oder Gemeinschaftsaktionen für Geflüchtete.
- Rufen Sie dazu auf, sich ehrenamtlich zu engagieren oder Sach- und Geldspenden bereitzustellen, insbesondere nach der weihnachtlichen Spendenphase.
- Erzählen Sie eine berührende Erfolgsgeschichte, z. B. von einer Familie, die mithilfe der Beratungsstelle eine Wohnung oder Arbeit gefunden hat. Danken Sie dabei auch den Unterstützern.

4.3.3 Risiken und Herausforderungen beim Einsatz von KI

- **Qualität:**
  Von KI erstellte Texte können sachlich korrekt sein, aber oft fehlen Emotionen, insbesondere bei Themen aus dem Umfeld der Sozialen Arbeit.

- **Rechtliche Risiken:**
  KI-Modelle greifen auf große Mengen öffentlich zugänglicher Daten zurück, was zu unbeabsichtigten Urheberrechts- und Datenschutzverletzungen führen kann. Es ist daher auch aus rechtlichen Gründen immer zu empfehlen, KI-generierte Texte nicht eins zu eins zu übernehmen, sondern zu überarbeiten und zu modifizieren. Höchste Vorsicht ist geboten, wenn es sich um sensible Daten aus der eigenen Organisation handelt. Diese sollten bei ChatGPT und Co. niemals eingegeben werden!

4.3.4 Wie setze ich KI sinnvoll ein?

Der Einsatz von KI und Tools wie ChatGPT sollte **immer** als Unterstützung, nicht als Ersatz gesehen werden. Es ist durchaus hilfreich, Tools wie ChatGPT nach einer anderen Formulierung zu fragen oder Absätze zusammenfassen zu lassen.

Beispiele „Einsatz ChatGPT":

Bitte anders formulieren (Anmerkung: Es funktioniert auch ohne „bitte"😊):

„Neben dem Gesprächskreis wird einmal im Monat eine Betreuungsgruppe für Menschen mit Demenz angeboten. Dadurch sind die Angehörigen entlastet und können in dieser Zeit bspw. sorglos Einkäufe oder sonstige Erledigungen machen."

Ergebnis von ChatGPT:

„Zusätzlich zum Gesprächskreis findet einmal im Monat eine Betreuungsgruppe für Menschen mit Demenz statt. Dies ermöglicht es den Angehörigen, eine Auszeit zu nehmen und in dieser Zeit entspannt Besorgungen zu erledigen oder andere Verpflichtungen wahrzunehmen."

Bitte kürzen:

„Neben dem Gesprächskreis wird einmal im Monat eine Betreuungsgruppe für Menschen mit Demenz angeboten. Dadurch sind die Angehörigen entlastet und können in dieser Zeit bspw. sorglos Einkäufe oder sonstige Erledigungen machen. Neu aufgebaut wird derzeit eine weitere Betreuungsgruppe für Menschen mit Pflegebedarf, jedoch ohne bzw. mit geringen kognitiven Einschränkungen. Diese wird wöchentlich stattfinden und kann dadurch den pflegenden Angehörigen eine regelmäßige Auszeit vom anstrengenden Alltag ermöglichen."

Ergebnis ChatGPT:

„Neben dem Gesprächskreis gibt es monatlich eine Betreuungsgruppe für Menschen mit Demenz, die Angehörige entlastet und Zeit für Erledigungen schafft. Neu entsteht eine wöchentliche Gruppe für Pflegebedürftige mit geringen oder keinen kognitiven Einschränkungen, die Angehörigen regelmäßig eine Auszeit ermöglicht."

Tipp: Im Fall von künstlicher Intelligenz dürfen Sie sich mal einen Vormittag zurückziehen und isolieren. Testen Sie ChatGPT und Co. in Ruhe aus. Sehen Sie KI weder als Ihren „Feind" noch als Ihren „Ersatz", sondern als ein „Vieraugenprinzip", das Sie bei Ihrer Tätigkeit in der Presse- und Öffentlichkeitsarbeit unterstützt. Bedenken Sie allerdings auch, dass der Einsatz von KI sehr viel Energie verbraucht. Insofern am besten nur zielgerichtet einsetzen!

4.4 Gendergerechte Formulierungen

Wie in 4.1.5 und 4.2.4 erwähnt ist es empfehlenswert, ohne Sonderzeichen wie „:", „_" und „*" zu schreiben – nicht nur, weil viele Menschen diese Schreibweise nicht verstehen, sondern auch, weil in den Suchmaschinen diese Worte schlecht oder gar nicht wahrgenommen werden und sie die Reichweite einschränken können. Gut ist es daher, inklusive Formulierungen zu verwenden, die alle Gender einschließen, aber den Lesefluss nicht unterbrechen. Hier einige Vorschläge dazu:

Beispielliste Maskulinum/Femininum	genderneutrale Alternative
jeder	alle, sämtliche
keiner	niemand
der andere	das Gegenüber
einer nach dem anderen	der Reihe nach
Mann/Frau	Person, Mensch, Leute, Mitmenschen
Mitarbeiter, Arbeiter, Arbeitnehmer	Mitarbeitende, Beschäftigte, Angestellte, Belegschaft, Team, Arbeitskraft
Mitarbeiterführung	Personalführung, Personalmanagement, HR-Management, Personalverantwortung
Mitarbeitergespräch	Jahresgespräch, Arbeitsgespräch, Personalgespräch, Dienstbesprechung
Mitarbeitersuche	Personalsuche, Recruiting
Freiberufler	Freischaffende
die Beamten	Verbeamtete, Bedienstete
Kollegenkreis, Mannschaft	Team, Arbeitsgruppe, Arbeitskreis, Kollegium
Arbeitskollegen	Teammitglieder
Pfleger/Krankenschwester	Pflegekraft, Pflegefachkraft, Pflegepersonal, Angestellte in der Pflege, Pflegende, Pflegeteam
Experten, Kenner	Fachleute, Profis, Fachkundige, Sachverständige (Plural)

5. Kontakt mit der Presse/Medien

Um mit der Presse bzw. den Medien in Ihrem Verbreitungsgebiet gut zusammenzuarbeiten, sollten Sie einige wichtige Grundsätze beachten.

- **Keine Bevorzugung:** Auch wenn vielleicht der eine Redakteur ein guter Bekannter ist oder die andere Redakteurin im gleichen Fitnesscenter trainiert – die Gleichbehandlung aller Presse- bzw. Medienvertreter ist zentral. Sie sollten alle dieselben Informationen erhalten, niemand sollte bevorzugt werden!
- **Regelmäßige Kontakte:** Erfolgreiches Netzwerken gelingt nicht vom Schreibtisch aus. Dies ist auch im Kontakt mit Presse- bzw. Medienvertretern der Fall. Halten Sie regelmäßigen Kontakt – nicht nur bei aktuellen Themen. Ein persönliches Gespräch oder ein Kaffee zwischendurch festigt die Beziehung mehr als stundenlanger E-Mail-Austausch.
- **Social Media:** Es ist eine faire Geste gegenüber regionalen Zeitungen, 24 Stunden zu warten, ehe Sie auf den Social-Media-Kanälen ihrer sozialen Organisation den Inhalt der Pressemitteilung online stellen. So haben die Zeitungen die Chance, zeitgleich mit Ihnen zu berichten und „neue, frische" Informationen an Ihre Lesenden zu vermitteln.

Mit diesen Grundsätzen im Hinterkopf können Sie mit Ihrer Pressearbeit starten!

5.1 Die Pressemitteilung

Um Berichte über die eigene soziale Organisation weit gestreut in den regionalen Medien zu platzieren, ist eine Pressemitteilung ein zwar „altes", aber immer noch aktuelles Mittel der Kommunikation. Sie wird schriftlich erstellt und dient dazu, über Neuigkeiten, Veranstaltungen oder relevante Themen zu informieren, die ohne große Änderungen von Redaktionen übernommen werden können.

Je präziser, desto besser

Dies bedeutet: Je besser die Pressemitteilung geschrieben ist, desto weniger Arbeit bedeutet sie für die Redaktionen. Bei der heutigen Personallage in vielen Redaktionen heißt das: Wenn eine Pressemitteilung so verfasst ist, dass sie nahezu eins zu eins abgedruckt werden kann, dann ist die Wahrscheinlichkeit für eine (schnelle) Veröffentlichung deutlich höher, als wenn sie umfangreich überarbeitet werden muss und womöglich noch weitere Recherchen nötig sind.

Verifizierte Inhalte

Die Zusammenarbeit mit Redaktionen basiert auf dem Vertrauen, dass Sie in Ihrer Pressemitteilung korrekte Angaben machen und alle Inhalte verifiziert sind. Das heißt, die Redaktion verlässt sich darauf, dass z. B. Zitate genauso erfolgten und mit den betreffenden Personen abgestimmt bzw. freigegeben sind, dass die Fakten und Daten bspw. einer Veranstaltung stimmen, dass Realitäten nicht zugunsten der sozialen Organisation „verdreht" oder „vergessen" wurden, dass Einverständniserklärungen bei Fotos vorliegen etc. Mehr dazu findet sich in Kapitel 5.1.2.

Tipp 1: Eine Pressemitteilung sollte immer nach dem Vieraugenprinzip überprüft werden, bevor sie ausgesandt wird. Insbesondere in der Anfangszeit, d. h., wenn der Kontakt mit der Presse erst aufgebaut wird, empfehle ich ein Sechs- oder gar Achtaugenprinzip. Das bedeutet: Nicht nur die Geschäftsführung, sondern auch Personen, die in dem Artikel erwähnt werden, oder Abteilungs- und Bereichsleitungen, um die es in der Pressemitteilung geht, sollten einen Blick darauf werden und die inhaltliche Richtigkeit überprüfen.

Tipp 2: Achten Sie auf eine klare, verständliche Sprache ohne Schachtelsätze – so erreichen Sie Ihre Zielgruppe besser. Strukturieren Sie Ihre Texte logisch und nachvollziehbar. Variieren Sie zwischen aktiven und passiven Formulierungen sowie zwischen Verben und Substantivierungen.

Verben bringen mehr Leben und Dynamik in einen Text:

Lebendig und aktiv kommunizieren

Schreiben Sie: „Wir begleiten die Klientin auf dem Weg in ein selbstbestimmtes Leben.", statt: „Die Begleitung der Klientin auf dem Weg in ein selbstbestimmtes Leben steht im Mittelpunkt.", oder: „Das Team plant einen neuen Betreuungsansatz.", statt: „Die Planung eines neuen Betreuungsansatzes wird vom Team vorgenommen."

Variieren Sie zwischen aktiven und passiven Formulierungen. **Dabei empfiehlt es sich, gute Nachrichten aktiv zu formulieren:**

„Die Geschäftsführung stellt fünf neue Fachkräfte ein." Schwierige Botschaften lassen sich eleganter im Passiv formulieren: „Es musste leider eine Reduzierung der Gruppenangebote erfolgen."

So bleibt die Verantwortung sprachlich im Hintergrund. Vermeiden Sie außerdem den häufigen Gebrauch von „man", da dies unpersönlich wirkt. Schreiben Sie stattdessen konkret: „Die Fachkräfte entwickeln gemeinsam ein neues Konzept.", statt: „Man entwickelt ein neues Konzept."

5.1.1 Themensuche

In Kapitel 4.2.3 wurde bereits auf die externe Kommunikation und mögliche Themen eingegangen. Wichtig sind dabei stets die Perspektive und auch der Perspektivwechsel: Welche organisationalen Themen sind für die Öffentlichkeit relevant? Welche Themen sind Aufreger? Zu welchen politischen oder gesellschaftlichen Themen wollen wir uns als Organisation positionieren?

Was hat Relevanz?

Sehr häufig sind Mitarbeitende einer Abteilung, Institution oder eines Bereichs überzeugt davon, dass es für alle Menschen von Bedeutung ist, bspw. zu erfahren, dass die Räume renoviert wurden. Eine Renovierung mit frischen Farben und neuen Möbeln macht das Arbeiten für die Mitarbeitenden im Büro, in der Beratungsstelle oder im Kindergarten mit Sicherheit angenehmer und sorgt für neuen Schwung und Motivation. Es ist ein wichtiges Thema und sollte in den internen Kanälen der Organisation entsprechend gewürdigt und kommuniziert werden. Das Thema ist für die Öffentlichkeit als solches erst einmal nicht relevant. **Aber:** Es könnte relevant sein!

Beispiel 1:

Pressemitteilung 1:

Der Kindergarten Sonnenblume in Auerbach erstrahlt in sonnigem Gelb und freut sich über neue Tische und Stühle für Kinder und Mitarbeitende. Die Mitarbeitenden und Kinder sind glücklich über die schöne Atmosphäre!

Diese Nachricht ist für die externe Kommunikation nicht relevant.

Pressemitteilung 2:

Die Zeit zwischen den Jahren nutzten engagierte Eltern und fleißige Kinder, um ihren Kindergarten zu verschönern. Dank der Farbenspende der Malerei Forst in Auerbach wurden vom 27.12.–30.12. die Gruppenräume sonnengelb eingetaucht. Die Gemeinde und der Förderverein erhöhten die Spende, sodass sogar noch neue, ergonomische Stühle und passende Tische für Mal- und Bastelprojekte zugekauft werden konnten. Bei einem Tag der offenen Tür am 8.1. können sich alle interessierten Menschen in und um Auerbach von dem gelungenen Gemeinschaftsprojekt überzeugen und die Räume bei Kaffee und Kuchen ab 15 Uhr begutachten.

Diese Nachricht ist für die externe Kommunikation relevant, denn:

- Es sind verschiedene Akteure (Malerei, Gemeinde, Förderverein, Eltern, Kinder) mit eingebunden. Insbesondere die Eigeninitiative der Eltern und ihrer Kinder ist nicht alltäglich und daher berichtenswert.
- Die Information über die Renovierung wird mit einer Aktion, d. h. einem Tag der offenen Tür verbunden, den die Öffentlichkeit besuchen kann.

Beispiel 2:

Pressemitteilung 1:

Die Frühförderstelle im Landkreis Celle hat eine neue Mitarbeiterin. Herzlich Willkommen im Team, Karin Schweiger.

Diese Nachricht ist für die externe Kommunikation nicht relevant.

Pressemitteilung 2:

Mit der neuen Mitarbeiterin Karin Schweiger kann die Frühförderstelle im Landkreis Celle ihr Angebot ausweiten. „Endlich ist es uns möglich, regelmäßig Kindertagesstätten und auch Krabbelgruppen zu besuchen und so bereits sehr frühzeitig Eltern und Mitarbeitende auf unser Angebot aufmerksam zu machen", erklärt die Geschäftsführerin der Förderstelle, Martina Thomsen. „Je früher eine auffällige Entwicklung eines Kindes erkannt wird, desto besser kann es gefördert werden", ergänzt Karin Schweiger. Weitere Informationen und Kontakt für interessierte Kitas und Gruppen gibt es per E-Mal an fruehfoerderstelle@landkreiscelle.de oder unter Telefon: XYZ.

Diese Nachricht ist für die externe Kommunikation relevant, da

- sie nicht nur über die neue Mitarbeiterin informiert, sondern mitteilt, welchen Mehrwert ihre Einstellung bietet.

- sie Informationen über ein für die Öffentlichkeit wichtiges Thema anspricht. Die „Öffentlichkeit" sind in diesem Fall Eltern, Mitarbeitende von Kitas und Organisierende von Krabbelgruppen.
- zu der Information auch eine Kontaktadresse für diejenigen mit angegeben ist, die mehr über das Thema erfahren wollen.

Beispiel 3:

Pressemitteilung 1:

Thomas Schaller, Geschäftsführer der Metzgerei Schaller, besichtigt die Tafel in Hildesheim, weil die Metzgerei regelmäßig dafür spendet.

Diese Nachricht ist für die externe Kommunikation nicht relevant, da es sich dabei um eine bloße Werbung für die Metzgerei handelt.

Pressemitteilung 2:

Seit Jahren engagieren sich die Tafeln in Deutschland mit ihren aktuell 60.000 Helferinnen und Helfern gegen Lebensmittelverschwendung und für armutsbetroffene Menschen. Daran wird jährlich Anfang Oktober mit dem „Tag der Tafel", der dieses Jahr am 5. Oktober stattfinden wird, erinnert. Thomas Schaller, Geschäftsführer der Metzgerei Schaller, besuchte anlässlich dieses Tages die Tafel in Hildesheim. Sie feierte kürzlich ihr XY-jähriges Bestehen und versorgt XYZ Menschen, darunter XYZ Kinder und Jugendliche, mit Lebensmitteln und weiteren Hilfsgütern. Schaller lobte die Logistik und das Engagement der Ehrenamtlichen sowie die breite Angebotspalette, die über Lebensmittel hinausgeht. Seit zehn Jahren unterstützt die regionale Metzgerei die Tafel mit Fleisch- und Wurstspenden. „Wir möchten helfen und gleichzeitig Lebensmittelverschwendung vermeiden", betont Geschäftsführer Schaller. Tafel-Projektleiter Torsten Zimmermann präsentierte weitere Initiativen wie Ernährungsprojekte und die Junge Tafel.

Diese Nachricht ist für die externe Kommunikation relevant, da

- sie zahlreiche Informationen über die Arbeit der Tafel im Allgemeinen und speziell in Hildesheim liefert.
- sie einen konkreten Anlass, nämlich den „Tag der Tafel" hat.
- sie den Zusammenhang zwischen Hilfe und Nachhaltigkeit betont sowie weitere Projekte vorstellt.

Tipp: Wenn Sie unsicher sind, ob ein Thema für die Öffentlichkeit interessant ist, dann zeigen Sie den Text einer Person aus Ihrem Familien- oder Bekanntenkreis, die nichts mit Ihrer Organisation und dem Thema zu tun hat und fragen Sie diese!

5.1.2 Wann Schweigen die bessere Option ist

Presse- und Öffentlichkeitsarbeit ist ein mächtiges Werkzeug, um Aufmerksamkeit zu schaffen, Unterstützung zu mobilisieren und wichtige Anliegen zu kommunizieren. Doch nicht jedes Thema ist automatisch dazu geeignet, öffentlich kommuniziert zu werden, auch wenn es relevant ist. Manchmal ist es stattdessen besser, zugunsten des „großen Ganzen" zu schweigen bzw. hinter den Kulissen zu agieren, statt durch eine Veröffentlichung möglicherweise eine Diskussion zu entfachen, die dem Projekt, aber auch der Organisation mehr Schaden als Nutzen bringen würde.

Beispiel:

Die Arbeit von Beratungsstellen aller Art ist sehr wichtig, doch öffentlich mehr Geld dafür zu fordern, ruft angesichts der flächendeckenden Einsparungen in vielen gesellschaftlichen und kommunalen Bereichen derzeit vermutlich Unverständnis hervor. Effektiver ist es, im Hintergrund Gespräche/Kontakte zu potenziellen Unterstützern/Spendern zu suchen, aber auch zu Politik und relevanten Ämtern, und dort die Notwendigkeit einer höheren finanziellen Unterstützung zu verdeutlichen.

Gespräche im Hintergrund

Tipp: Die frühzeitige Abwägung möglicher Folgen von Kommunikation und die Wahl der richtigen Kanäle für Kommunikation sind essenziell!

PR ist also weit mehr als das professionelle Verfassen von Botschaften – sie erfordert strategisches Denken, Empathie und die Fähigkeit, die Perspektive der Zielgruppe(n) einzunehmen. Nur so gelingt es, Botschaften zu platzieren, die wirklich bewegen und zugleich verantwortungsvoll mit der öffentlichen Meinung umgehen.

Dabei gelten für PR-Verantwortliche auch Regeln und Normen. Der Deutsche Rat für Public Relations (www.drpr-online.de) hat dazu einen selbstverpflichtenden Kommunikationskodex erstellt, der im Anhang des Buches in Auszügen nachzulesen ist. Er kann als Leitfaden für die tägliche Arbeit dienen.

5.1.3 Wie verfasse ich eine gute PM?

Pressemitteilungen folgen einer klaren Struktur: Überschrift, Einleitung mit den wichtigsten Informationen, Hauptteil mit weiteren Details und abschließender Kontaktbereich für Rückfragen.

Die Überschrift sollte kurz –maximal eine Zeile lang – und informativ sein und auf den Text aufmerksam machen.

Beispiel 1:

„75 Rettungseinsätze im letzten Monat – Landrätin dankt dem Team XY" oder „Ohne euch wären 75 Menschenleben gefährdet gewesen! – Landrätin besucht Team XY"

Beispiel 2:

„Stiftung Pellheimer spendet 1000 Euro an den Jugendtreff" oder „Kicker, Sofa, Dart und Basketballkorb – Stiftung Pellheimer unterstützt Jugendtreff"

Auch wenn es keine hundertprozentig richtige Variante gibt, so machen die jeweils zweiten Überschriften doch eher „Lust auf mehr", d. h., sie machen neugieriger, den Text weiterzulesen.

Spannungsbogen aufbauen

In der Überschrift der Pressemitteilung geht es vor allem darum, die Redaktion zum Weiterlesen zu motivieren bzw. dafür zu sorgen, dass sie mit einer positiven, interessierten Haltung weiterliest. Die endgültige Überschrift wird fast immer von der Redaktion festgelegt und weicht meist von dem eingereichten Vorschlag ab. Das hat oft rein formale Gründe, weil der Bericht einen bestimmten Platz auf einer Zeitungsseite füllen muss oder weil der Artikel auch online geht und deshalb die Überschrift SEO-konform sein muss. Oder weil die Überschrift aus Sicht der Redaktion zu wenig „catchy" ist.

Eine Einleitung, d. h. eine Kurzzusammenfassung des Artikels, ist notwendig, wenn es sich um eine längere Pressemitteilung handelt. Bei einer halbseitigen Pressemitteilung ist keine Einleitung notwendig. In der Zusammenfassung werden die wichtigsten Fakten dargelegt, die dann im weiteren, eigentlichen Artikel ausführlicher beleuchtet werden. Hierzu gehören die Antworten auf die „W-Fragen": „Wer?", „Was?", „Wann?", „Wo?", „Warum?"

Beispiel 1:

Dominik Polt, Leiter des Pflegeheims Sternschnuppe in Lüneburg, freut sich darauf, ab März mit den Bewohnenden verschiedene Hochbeete anlegen zu können. Möglich wurde dies durch eine Kooperation mit der Arbeitsgemeinschaft Natur der Friedrich-Stern-Mittelschule.

Nun folgen in einem ausführlichen Artikel Details über das Projekt, Zitate der Schulleitung und von Dominik Polt, möglicherweise ein Spendenaufruf für Gemüsepflanzen etc.

Beispiel 2:

Ab 3. Mai gibt es in Plauen eine Selbsthilfegruppe für Menschen mit oder mit überstandenen Krebserkrankungen. Lena Müller, Leiterin der Beratungsstelle der (Name der sozialen Organisation) ist dankbar, dass endlich Gruppenräume in der Feldinger Straße 3 gefunden wurden und dieses Angebot, das „so notwendig ist" (Lena Müller), gemacht werden kann.

Im Artikel wird über das Projekt detailliert informiert, es werden Zitate eingebaut und Menschen ermuntert, dieses Angebot zu nutzen und Angehörige darüber zu informieren.

Der Hauptteil ist, wie der Name schon sagt, der umfangreichste Teil der Pressemitteilung. Hier werden alle für die Öffentlichkeit relevanten Informationen in objektiver Weise kommuniziert. Es ist wichtig, sich daran immer wieder zu erinnern und nicht zu detailverliebt zu werden. Eine „alte" Journalistenregel besagt, dass mit ausschmückenden Adjektiven sparsam umgegangen werden sollte. Dies gilt insbesondere für Adjektive, die die eigene Organisation lobend erwähnen.

Tipp: Wer sich für einen zeitlos guten Schreibstil interessiert, dem sei „Deutsch! Das Handbuch für attraktive Texte" von Wolf Schneider (Rowohlt 2007) empfohlen. Der 2022 verstorbene langjährige Leiter der Henri-Nannen-Journalistenschule gibt darin verständliche Empfehlungen für eine gute und verständliche Schriftsprache.

Werbung vermeiden

Zur Erinnerung: Eine Pressemitteilung ist kein Werbetext („Wir sind die besten!"), sondern ein für die Öffentlichkeit relevanter, informierender Text. Wichtig ist hierbei auch, die Perspektive von der „Wir-Form" in die beschreibende Form, d. h. dritte Person (die Organisation) zu wechseln.

Beispiel 1:

Statt: Wir starten am 1.10. einen neuen, fantastischen Kurs mit unserer wunderbaren Daniela Wilhelm für Eltern mit Jugendlichen in der Pubertät. Also kommt einfach um 18 Uhr in unsere gemütlichen Räume in der Seeligerstraße 12, 1. Obergeschoss.

Besser: Am 1.10. ab 18 Uhr startet in der Jugendberatungsstelle Wilhelmsdorf (Seeligergstraße 12, 1. Obergeschoss) ein Kurs für Eltern mit Jugendlichen in der Pubertät, der von Sozialpädagogin Daniela Wilhelm geleitet wird. Eine Anmeldung ist nicht notwendig.

Beispiel 2:

Statt: Wir freuen uns riesig darüber, dass die Bäckerei Geer uns ab sofort jeden Mittwochmorgen in unserer Selbsthilfegruppe für Menschen mit psychischen Beeinträchtigungen mit den leckersten Croissants erfreut. Kaffee gibt es von uns. Danke dafür, denn mit duftendem Kaffee und krossen Croissants redet es sich leichter!

Besser: Mittwochs um 10 Uhr trifft sich die Selbsthilfegruppe für Menschen mit psychischen Beeinträchtigungen im Martin-Selig-Haus. Die Bäckerei Geer unterstützt dieses Angebot ab sofort mit der Lieferung von Backwaren für ein gemeinsames Frühstück, das Gespräche oft erleichtert.

Inklusiv, aber verständlich

Bezüglich **gendergerechter** Sprache ist bei der Pressemitteilung auf das Kapitel 4.1.3 zu verweisen. Das bedeutet zusammengefasst: Eine neutrale, inklusive Sprachregelung ist in sozialen Organisationen wünschenswert, doch Sonderzeichen wie „*" und „:" sind in Pressemitteilungen unbedingt zu vermeiden! Die meisten Redaktionen verwenden keine Sonderzeichen und eine Überarbeitung der Texte seitens der Redaktionen kann dazu führen, dass dann der Einfachheit halber z. B. „Mitarbeiter" statt „Mitarbeitende" geschrieben wird. Daher macht es Sinn, sich beim Verfassen des Textes bereits passende, neutrale Formulierungen zu überlegen, die dann meistens so von den Redaktionen übernommen werden.

Auch bei der Pressemitteilung gilt es, **Abkürzungen und Fachjargon** zu vermeiden bzw. ausführlich zu erklären, siehe Kapitel 4.1.3.

Namensnennungen erfolgen beim ersten Mal mit **Vor- und Zunamen**, im weiteren Verlauf kann der Vorname abgekürzt oder weggelassen werden, d. h. nicht: „Herr Kramer freute sich über die Spende ...", sondern: „Matthias Kramer freute sich über die Spende ... Er ist sich sicher, dass die neue Küche für viel Freude in der Wohngruppe sorgen wird."

Der **abschließende Kontaktbereich** für Rückfragen in der Pressemitteilung richtet sich an die Redaktion, die den Pressetext liest. Hierin sind daher der Name und die Kontaktdaten der verfassenden und zuständigen Person innerhalb der sozialen Organisation gemeint. Dieser Kontaktbereich gehört nicht mehr zu dem Artikel, der abgedruckt bzw. online veröffentlicht werden soll.

Kontaktadresse nicht vergessen

Innerhalb der Pressemitteilung kann es darüber hinaus ebenfalls eine Kontaktadresse für die Öffentlichkeit geben, bspw. für Anmeldungen zu oder weitere Informationen über eine Veranstaltung. Ein Beispiel steht in diesem Kapitel unter dem Beispiel „Relevante Texte, Beispiel 2":

„... Je früher erkannt wird, dass sich ein Kind auffällig entwickelt, desto besser kann es gefördert werden. Weitere Informationen und Kontakt für interessierte Kitas und Gruppen: fruehfoerderstelle@landkreiscelle.de oder Tel.: XYZ"

Der Abbinder

Ein **Abbinder** in einer Pressemitteilung ist der **abschließende Textblock**, der am Ende der Mitteilung steht. Er liefert **hintergrundbezogene Informationen über das Unternehmen oder die Organisation**, die die Pressemitteilung herausgibt. Der Abbinder bleibt in der Regel **gleich oder ähnlich** bei jeder Mitteilung.

Typische Inhalte eines Abbinders:

- Gründungsjahr
- Sitz des Unternehmens
- Kernprodukte oder Dienstleistungen
- Größe (z. B. Mitarbeiterzahl, Umsatz)
- Webseite

Beispiel „Abbinder – Kindergarten":

Der Kindergarten Regenbogen wurde 2008 eröffnet und betreut derzeit rund 60 Kinder im Alter zwischen einem und sechs Jahren. Im Mittelpunkt steht ein ganzheitliches pädagogisches Konzept, das individuelle Förderung, naturpädagogische Ansätze und die Stärkung sozialer Kompetenzen vereint. Die Einrichtung befindet sich in kommunaler Trägerschaft und liegt im Herzen von Leipzig. Weitere Informationen unter: www.kita-beispiel.de

Beispiel „Abbinder – Erziehungs- und Jugendberatungsstelle":

Die Erziehungs- und Jugendberatungsstelle bietet seit 1999 professionelle Hilfe für Kinder, Jugendliche, Eltern und Familien bei Erziehungsfragen, familiären Konflikten und psychosozialen Herausforderungen. Das multiprofessionelle Team aus dem Bereich „Psychologie, Sozialpädagogik und Therapie" arbeitet vertraulich, kostenfrei und unabhängig. Die Beratungsstelle befindet sich in kommunaler Trägerschaft und ist zentral in Dortmund gelegen. Weitere Informationen unter: www.jugendberatung-beispiel.de

Beispiel „Abbinder – Pflegeheim":

Das Pflegeheim St. Marien wurde 2003 eröffnet und bietet 90 Bewohnern ein sicheres und liebevolles Zuhause im Alter. Mit einem ganzheitlichen Pflegekonzept, aktivierender Tagesgestaltung und individueller Betreuung legt die Einrichtung besonderen Wert auf Würde, Teilhabe und Lebensqualität. Das Haus liegt im Grünen am Stadtrand von Nürnberg und wird vom gemeinnützigen Träger XY geführt. Mehr Informationen unter: www.pflegeheim-beispiel.de

5.1.4 Das Foto

Während eine Pressemitteilung auch ohne Fotos ausgesandt werden kann, ist ein Foto allein keine Pressemitteilung. Es gehört in jedem Fall immer eine Nachricht dazu!

Am besten wird eine Pressemitteilung immer mit einem Foto ausgesandt – und zwar mit einem Foto, **das den Inhalt der Nachricht bzw. Botschaft angemessen transportiert bzw. verstärkt.** Es besteht zwar keine Garantie dafür, dass das Foto mit abgedruckt wird, doch aus der Sicht des Lesenden – und so verfassen wir die Pressemitteilung – ist ein Foto immer eine Bereicherung und Ergänzung eines Textes. Auch aus Sicht der Redaktionen!

Das Foto muss eine gute Druckqualität haben (am besten mindestens 1 MB) und sollte im Format „jpg." oder „tiff." gespeichert sein. Die meisten Smartphones machen qualitativ mittlerweile bereits ausreichend gute Fotos für die Öffentlichkeitsarbeit, eine Spiegelreflexkamera oder Systemkamera ist daher nicht unbedingt notwendig.

Ein Bild sagt mehr als 1000 Worte

Das Foto soll bebildern bzw. symbolisieren, worum es im Text geht. Geht es um die Verschönerung der Innenräume des Kindergartens, macht eine Außenausnahme des Gebäudes keinen Sinn, auch wenn gerade die Sonne scheint und alles in ein schönes Licht taucht.

Ein Bild sagt bekanntlich mehr als 1000 Worte – deshalb ist es wichtig, dass das Bild lebendig und nicht statisch ist. Das bedeutet am Beispiel des Kindergartens, dass Kinder und Eltern beim Malen mit Pinseln zu sehen sind oder sie hinterher in den renovierten Räumen gemeinsam an den neuen Tischen basteln.

Achtung: An die Einverständniserklärungen denken! Siehe Kapitel 3.3. Es muss in der Pressemitteilung zudem angegeben werden, wer das Foto gemacht hat, mit Vor- und Zunamen.

Keine Manipulationen

Auch wenn die Versuchung groß ist: Die „Manipulation" von Fotos ist nicht erlaubt. Im Kampf gegen „Fake News" versuchen seriöse Redaktionen alles, um keine Fotos zu verwenden, bei denen die Realität „verzerrt" wurde. Eine Kollegin war bei der Aufnahme nicht dabei, sagt aber was im Text? Das Hinzufügen in das Foto wäre technisch einfach – ist aber strikt untersagt! Der Baum auf dem Foto stört? Einfach wegretuschieren? Kein Problem und keinesfalls erlaubt! Der rote Pullover des Mitarbeiters ist zu auffällig vor dem orangenen Hintergrund? Nein, wir halten es aus und ändern die Farbe nicht – oder wir machen ein anderes, neues, besseres Foto! Bei Aufhellung, Kontrasten u. Ä. ist eine gewisse Bildbearbeitung erlaubt, ein Foto darf aber dadurch nicht maßgeblich verändert werden.

Generell gilt: Eine Pressemitteilung samt Bildmaterial sollte die Realität so zeigen, wie sie ist. Glaubwürdigkeit ist ein hohes Gut im Umgang mit Medien. Werden Manipulationen erkannt – und das passiert schneller, als viele denken – kann dies nicht nur zur Ablehnung des Materials führen, sondern langfristig auch das Vertrauen in Ihre gesamte Pressearbeit beschädigen. Setzen Sie daher auf authentische und unverfälschte Darstellungen.

Achtung: Logisch, aber der Vollständigkeit halber erwähnt: Die Erstellung von Fotos mit KI („Mach ein Foto mit diskutierenden Menschen und setze sie in das beigefügte Foto unserer Wohngruppe!") ist natürlich ebenfalls nicht zulässig!

Was immer „erlaubt" ist und Sinn macht, ist ein Zuschneiden des Fotos, da häufig zu viele Details vom eigentlichen Geschehen ablenken. Das Bild im Hintergrund ist hübsch und die Skulptur im Besprechungsraum eindrucksvoll, aber wenn Mitarbeitende hier gerade für langjährige Zugehörigkeit geehrt werden, dann sind sie im Mittelpunkt und das „drumherum" kann weggeschnitten werden.

Oft ist weniger mehr. Statt zwanzig Menschen beim Tag der offenen Tür im Garten des Pflegeheims abzulichten, sind zwei, drei Personen, die sich gerade über ein Gemüsebeet beugen und im Gespräch sind, aussagekräftiger. Bei Fotos ist der Spagat zwischen „Alles Wichtige für den Artikel ist drauf" und „Mut zum Weglassen" entscheidend. Man kann durchaus zwei oder drei verschiedene Fotos an die Redaktionen senden – mehr aber bitte nicht! Empfehlenswert ist, sowohl Quer- als auf Hochformat anzubieten. Dadurch können ggf. verschiedene Motive und Blickwinkel in den diversen Medien abgebildet werden.

Tipp: Gute Fotomotive werden fast immer arrangiert! Selbst Profis vertrauen bei offiziellen Terminen nicht auf „Schnappschüsse". Also: Nach der Ehrung mit der Gruppe einen Ort mit ausreichend Belichtung aufsuchen und dort das Foto machen! Darauf achten, dass der Hintergrund passt und keine störenden Details in das Hauptmotiv hineinragen. Das erfordert zwar etwas Zeit für das Arrangement, lohnt sich aber. Noch besser ist es, bereits vor dem Termin anzukündigen, dass ein Foto gemacht wird, sodass sich die Einrichtung bereits Gedanken über den passenden Rahmen machen kann (und alle nochmal beim Friseur waren ...).

Beispielfotos „Pflege alter Menschen":

Foto A zeigt den Versuch, möglichst viel abzubilden.

In Foto B wird ein Ausschnitt abgebildet, der aussagekräftiger wirkt.

Abbildung 23: Wirkung von Fotoausschnitten (Foto: Stock Adobe)

Tipp: Redaktionen veröffentlichen üblicherweise keine mitgelieferten Fotos, die aus Bilddatenbanken stammen. Eher suchen sie aus ihrem Archiv passende Motive aus. Daher bitte auf Fotos aus bekannten Bilddatenbanken verzichten und das Foto selbst machen. Das schafft zudem Authentizität. Es lohnt sich in dem Zusammenhang der Aufbau einer kleinen Bilddatenbank mit Fotos aus der sozialen Organisation, die bei Bedarf herangezogen werden kann. Wichtige Standardmotive sowie zentrale Personen der Organisation sollten ohnehin durch einen professionellen Fotografen abgelichtet werden und zum Download im Pressebereich der Homepage verfügbar sein.

5.1.5 Vor dem Absenden

Der Text ist geschrieben. Das Foto ist gemacht. Alle oben erwähnten Punkte wurden berücksichtigt. Kann ich jetzt auf „Senden" drücken?

Noch nicht! Nun wird der Text nach dem zuvor erwähnten (mindestens) **Vieraugenprinzip** abgestimmt. Je nach Organigramm genügt das „Grüne Licht" der Bereichs- bzw. Abteilungsleitung oder die Geschäftsführung / der Vorstand erteilt die Freigabe. Zitate sollten immer vor dem Absenden von den zitierten Personen freigegeben werden, um Irritationen oder Missverständnisse auszuschließen. Um diesen Prozess zu beschleunigen, empfiehlt es sich, in dem Anschreiben eine Frist zu setzen und darauf hinzuweisen, dass lediglich die Zitate freizugeben sind.

Freigabeprozess

Andernfalls riskiert man, dass zitierte Personen bspw. aus Politik und Wirtschaft, die bei einer Veranstaltung Grußworte gesprochen haben, den Text „zu ihren Gunsten" überarbeiten wollen. Die Pressemitteilung hat aber den Zweck, dass die soziale Organisation die Themen, Prioritäten und Gewichtung setzt. Das sollte sie sich auch nicht aus der Hand nehmen lassen!

Die E-Mail kann bspw. so formuliert werden:

> *„Guten Tag Frau/Herr XY,*
>
> *anbei finden Sie unsere Pressemitteilung zur Eröffnung der neuen Beratungsstelle für pflegende Angehörige. Wir freuen uns, dass Sie dabei waren und eine Grußbotschaft gesprochen/eingesendet haben. Bitte sehen Sie die in Gelb markierten Zitate durch und lassen Sie mich bis spätestens bis (zwei bis drei Tage später) um 12 Uhr wissen, ob wir die Pressemitteilung so absenden können. Falls wir bis dahin nichts von Ihnen hören, gehen wir davon aus, dass Sie mit Ihren Zitaten einverstanden sind.*
>
> *Viele Grüße, XY"*

5.1.6 Zusammenfassung: Umgang mit der Presse und Erstellung von Pressemitteilungen

Da das Kapitel 5.1 sehr wichtig und die Basis einer erfolgreichen Pressearbeit ist, folgt hier eine sehr komprimierte Zusammenfassung der wichtigsten Punkte:

> **Fazit:** Für eine effektive Zusammenarbeit ist die Gleichbehandlung aller Medienvertretenden zentral, regelmäßiger persönlicher Kontakt hilfreich und das Zurückhalten von Social-Media-Veröffentlichungen für 24 Stunden eine faire Geste. Pressemitteilungen sind ein wichtiges Kommunikationsmittel, um Informationen klar, relevant und journalistisch aufbereitet an Redaktionen zu übermitteln. Inhalte sollten die Öffentlichkeit interessieren sowie eine klare Struktur mit prägnanter Überschrift, in der Einleitung beantworteten W-Fragen und einem objektiven Hauptteil haben. Fotos bereichern den Text und sollten von guter Qualität, authentisch und kontextbezogen sein. Vor dem Versand empfiehlt sich eine sorgfältige Überprüfung durch mehrere Personen sowie die Freigabe von Zitaten.

5.2 Der Pressetermin

Bei dem Wort „Pressekonferenz" hat man oft das Bild eines Politikers samt Presseteam auf der Bühne sowie unzählige Personen von Zeitungen sowie Radio- und TV-Sendern im Zuschauerraum vor sich. Oder man denkt an die Pressekonferenzen nach einem Bundesliga- oder Nationalmannschaftsspiel.

Gelegenheiten nutzen

Bei einer sozialen Organisation ist dieses Szenario mit Blitzlichtgewittern unwahrscheinlich, es sei denn, es beträfe eine handfeste Krise! Daher sind Pressegespräch oder Pressetermin passender und auch einfacher zu organisieren. Im nachfolgenden Kapitel geht es nicht um das Eins-zu-eins-Gespräch mit einzelnen Redaktionen, sondern um die Einladung von mehreren Medienvertretern in die soziale Organisation bzw. zu einer Veranstaltung der sozialen Organisation. Dabei können wichtige Themen schnell und breit kommuniziert werden. Bei dem Termin gibt es nicht nur Infos aus erster Hand – die Medienvertreter können auch gleichzeitig fotografieren und Interviews führen, wenn sie möchten. Es ist die perfekte Gelegenheit, um Neuigkeiten mitzuteilen, Hintergründe zu erklären und direkt auf Fragen einzugehen.

5.2.1 Zu welchem Anlass?

In Kapitel 5.1.1 wurde bereits über die Themensuche für die Presse- und Öffentlichkeitsarbeit gesprochen. Welche dieser Themen eignen sich für ein größeres Pressegespräch und nicht „nur" für eine Pressemitteilung?

Anlässe finden

- Einweihungen neuer oder komplett renovierter Räumlichkeiten – egal, ob Kindergarten, Beratungsstelle, Pflegeheim, Tafel etc.
- Jubiläum der sozialen Organisation oder einzelner Bereiche/Abteilungen
- ein besonderes Fest oder eine Veranstaltung mit (regional) bekannten Mitwirkenden aus den Bereichen „Gesang", „Kabarett", „Sport", „Forschung" und „Politik"
- ein runder Tisch mit Teilnehmern aus Politik, Wirtschaft, Kirche und Gesellschaft, bei dem über ein sozial relevantes Thema in der Region gesprochen wird

Tipp: Diese Punkte sind nicht vollständig und hängen immer auch von den regionalen Begebenheiten ab. Nicht zu unterschätzen ist die Terminierung. In der „Saure-Gurken-Zeit" (im August / zwischen den Jahren) sind die lokalen Medien oft froh über Berichte und kommen auch gerne mal zu einem Pressetermin. Dazu gehören insbesondere auch fußballfreie Monate! Ebenfalls wichtig: Der Termin sollte wenn möglich nicht früh am Morgen (vor 10 Uhr) und auch nicht erst kurz vor Druckschluss (18 Uhr) stattfinden, da dann Redaktionen entweder noch gar nicht arbeiten oder aber in die Produktion eingebunden sind. Ideal ist der Zeitraum zwischen 10.30 und 16 Uhr. Findet die Veranstaltung am Wochenende statt, muss damit gerechnet werden, dass die Redaktion einen freien Mitarbeiter schickt.

5.2.2 Vorbereitung

Eine gute Vorbereitung ist der Schlüssel zum Erfolg einer jeden Veranstaltung, so auch beim Pressetermin. Sobald der Termin feststeht, sollten die Medien mit einer „Save the date"- oder altmodischen „Termin vormerken"-E-Mail eingeladen werden. Dies kann bereits drei bis sechs Monate im Voraus formlos geschehen.

> *„Guten Tag liebes Team der Rüdesheimer Nachrichten (Eine förmlichere Variante geht natürlich auch!),*
>
> *am Sonntag, 12. März, feiert unser Pflegeheim ab 14 Uhr in der Hauptstraße 20 seine Wiedereröffnung nach umfangreichen Modernisierungs- und Sanierungsmaßnahmen. Hierzu laden wir Sie herzlich ein! Der genaue Ablaufplan dieser Veranstaltung wird Ihnen Ende Februar zugehen. Wir freuen uns bereits jetzt auf Ihr Kommen! Viele Grüße,*
>
> *XY"*

Ende Februar erfolgt dann die konkrete Einladung:

> *„Guten Tag liebes Team der Rüdesheimer Nachrichten (Eine förmlichere Variante geht natürlich auch!),*
>
> *wie bereits mitgeteilt feiert unser Pflegeheim in der Hauptstraße 20 am Sonntag, 12. März, ab 14 Uhr seine Wiedereröffnung nach umfangreichen Modernisierungs- und Sanierungsmaßnahmen. Um 14 Uhr beginnen wir mit den Grußworten durch unseren Vorstand Peter Zwackel sowie Landrätin Gerlinde Meckel. Im Anschluss führen wir unter der Leitung des Architektenteams Gunzer & Meyer in kleinen Teams durch die Wohneinheiten. Hierbei besteht die Möglichkeit für Fotos der modernisierten Räume. Ab 15 Uhr beantworten das Verwaltungs- und Pflegeteam sowie unser Vorstand alle offenen Fragen bei einem zwanglosen Imbiss.*
>
> *Wir freuen uns auf Ihr Kommen und bitten um Rückmeldung bis 5.3., ob wir mit Ihnen rechnen können! Andernfalls senden wir Ihnen gerne einen Pressebericht sowie Fotos zu.*
>
> *Viele Grüße,*
>
> *XY"*

Vorbereitung des Termins

Im Vorfeld des Termins wird eine Pressemitteilung, bei großen Veranstaltungen eine ganze Pressemappe, erstellt, in der alle wichtigen Fakten, Zahlen und Namen enthalten sind. Das erleichtert den Pressetermin und erspart Buchstaben- und Zahlendreher sowie Namensverwechslungen in den Berichten. Auch die Grußworte können beigelegt werden.

Darüber hinaus sollte die Person, die für die Pressearbeit verantwortlich ist, die Räumlichkeiten vorab persönlich inspizieren. Dabei gilt es, alle Details im Blick zu haben, um einen reibungslosen Ablauf sicherzustellen:

- **Platzverhältnisse prüfen:** Gibt es ausreichend Sitzgelegenheiten und Tische, damit die Medienvertreter bequem mitschreiben können?

- **Hintergrundgestaltung:** Der Hintergrund für Grußworte und Fotos sollte ansprechend und thematisch passend sein. Ein gut gewählter Hintergrund kann den professionellen Eindruck des Pressetermins unterstreichen. Eine graue triste Wand ist ebenso zu vermeiden wie ein buntes Graffiti, das von den Rednern ablenkt. Besser ist ein Roll-up mit dem Logo der Organisation oder dem Thema.
- **Technische Ausstattung:** Abhängig von der Größe der Veranstaltung kann es sinnvoll sein, Mikrofone oder andere technische Hilfsmittel bereitzustellen, damit alle Anwesenden die Redebeiträge klar verstehen.

Gut geplant ist halb gewonnen

Die sorgfältige Vorbereitung stellt sicher, dass sich die Medienvertreter auf die Inhalte konzentrieren können, ohne sich über organisatorische Hürden Gedanken machen zu müssen. Ein gut geplanter Pressetermin bleibt positiv im Gedächtnis und trägt zur professionellen Außenwirkung bei.

5.2.3 Der Termin

Am Tag des Pressetermins sollte die für die Pressearbeit verantwortliche Person frühzeitig vor Ort sein. Diese Zeit wird genutzt, um sicherzustellen, dass alle vorbereitenden Maßnahmen – wie Platzierung der Pressemappen, technische Ausstattung oder Hintergrundgestaltung – final überprüft und ggf. nachjustiert werden. Dabei wird jedes Detail erneut kritisch betrachtet, um Überraschungen zu vermeiden.

Materialien griffbereit halten:

- **Pressemappen:** Diese enthalten die relevanten Informationen wie Hintergrunddaten, Zahlen und Fakten, Kontaktdetails sowie etwaige Zitate, falls diese bereits vorher bspw. von der Geschäftsführung verfügbar sind.
- **Namensschilder:** Für alle Personen, die während der Veranstaltung Interviews geben oder Fragen beantworten, sind gut sichtbare Namensschilder vorbereitet.

Persönliche Begrüßung

Die Medienvertreter werden individuell begrüßt. Dabei werden Pressemappen übergeben und Small Talk gemacht, um eine angenehme Atmosphäre zu schaffen. Dies ist ein wichtiger Moment, um den Ton für die Veranstaltung zu setzen und die Medienvertreter willkommen zu heißen. Am besten sollte man die Visitenkarten der Journalisten einsammeln bzw. Namen/Medium/Kontaktadresse in eine Liste eintragen.

Ansprechpartner sein

Die für die Presse verantwortliche Person begleitet die Medienvertreter über den gesamten Termin hinweg. Sie sorgt dafür, dass

- **Wünsche erfüllt werden:** Dazu zählen etwaige Anfragen für spezielle Fotos, Interviews oder Hintergrundinformationen.
- **die Logistik reibungslos läuft:** Alle geplanten Programmpunkte und Kontakte stehen wie angekündigt zur Verfügung.
- **eine positive Atmosphäre herrscht:** Aufkommende Fragen oder Herausforderungen werden professionell und flexibel gehandhabt.

Falls eine angefragte Information oder ein Dokument nicht direkt zur Verfügung steht, sollte klar kommuniziert werden, dass diese Daten nachträglich übermittelt werden. Die Zusicherung muss jedoch unbedingt eingehalten werden, da die Glaubwürdigkeit der Pressearbeit auf Verlässlichkeit basiert. Versprechen, die nicht eingehalten werden, könnten langfristig das Vertrauen der Medien schädigen.

Tipp 1: Niemand ist perfekt! Es kann passieren, dass irgendeine Unterlage in der Pressemappe fehlt. Tragisch wäre es jedoch, wenn die versprochene Zusendung von Fakten nicht funktioniert. Die Pressearbeit basiert auf Vertrauen und Zuverlässigkeit. Versprechen Sie daher nur etwas, das Sie auch halten können!

Tipp 2: Pressemitteilungen können auch schon im Vorfeld einer Veranstaltung verschickt werden, dann allerdings mit zeitlichem SPERRVERMERK für die Redaktionen, damit diese wissen, ab wann sie die PM bzw. News veröffentlichen dürfen. Das macht z. B. dann Sinn, wenn der Verteiler überregional ist. Die Veröffentlichung ist dann in der Regel nach Ende der Veranstaltung erlaubt.

Im Anhang finden Sie mehrere Checklisten für die Planungen von Pressekonferenzen bzw. Veranstaltungen mit Medienpräsenz.

5.3 Aufbau eines Pressespiegels

Die Aufgabe der für die Pressearbeit verantwortlichen Person umfasst auch das Archivieren veröffentlichter Artikel und Pressemitteilungen. Heute geschieht dies in der Regel digital, wobei Artikel aus digitalen Medien direkt als PDF oder Screenshot gespeichert werden können. Es gibt auch eine Reihe von professionellen Anbietern, die die Erstellung von Pressespiegeln übernehmen und dafür alle Medien durchforsten. Das empfiehlt sich aus Kostengründen aber nur für große Organisationen, die eine regelmäßige Berichterstattung in den Medien haben.

Dokumentation ist wichtig

Für Veröffentlichungen in analogen Medien wie Wochenblättern oder kostenlosen Anzeigenblättern, die oft noch nicht digitalisiert erscheinen, müssen die Artikel gescannt und anschließend ins Archiv aufgenommen werden. So entsteht ein umfassendes und gut zugängliches Archiv, das jederzeit aufgerufen werden kann.

Pressespiegel erstellen

Ein Pressespiegel dient dazu, alle relevanten Veröffentlichungen gesammelt und übersichtlich aufzubereiten. Üblicherweise wird dieser monatlich erstellt und beinhaltet

- Veröffentlichungen zu zentralen Themen des Unternehmens oder der Organisation,
- die Medienresonanz auf Pressemitteilungen oder Kampagnen sowie
- eventuelle Leserbriefe oder Kommentare zu veröffentlichten Artikeln.

Verteilung des Pressespiegels

Der fertige Pressespiegel wird meistens der Geschäftsführung sowie den Bereichs- und Abteilungsleitungen zur Verfügung gestellt. Dies kann auf unterschiedlichen Wegen erfolgen, je nach interner Infrastruktur:

1. **E-Mail:** eine einfache Möglichkeit, bei der der Pressespiegel als Anhang versendet wird
2. **Portal oder Intranet:** ein zentraler Ablageort, der den Zugriff für alle berechtigten Personen erleichtert

3. **Cloudlösung:** Für Organisationen mit dezentralen Standorten bietet eine Cloudplattform eine flexible und ortsunabhängige Lösung.

4. **Presseportal/Wissenschaftsportal**

Newsletter gestalten

Die für die PR zuständige Person kann den Pressespiegel auch nutzen, um einen regelmäßigen internen Newsletter für die Mitarbeitenden zu erstellen. Dieser Newsletter

- enthält eine Auswahl besonders relevanter oder interessanter Artikel,
- informiert die Mitarbeitenden über die mediale Präsenz des sozialen Unternehmens und
- stärkt das Zugehörigkeitsgefühl, indem Erfolge und positive Entwicklungen geteilt werden.

Alternativ kann der vollständige Pressespiegel allen Mitarbeitenden zugänglich gemacht werden. Da jedoch ein Artikel meistens in identischer oder nur leicht modifizierter Form in verschiedenen Medien erscheint, ist eine Auswahl per Newsletter oft aussagekräftiger.

Ein gut strukturierter und regelmäßig erstellter Pressespiegel bietet demnach zahlreiche Vorteile:

- Er unterstützt die Geschäftsführung und Führungskräfte dabei, einen Überblick über die mediale Wahrnehmung des Unternehmens zu behalten.
- Er verbessert die interne Kommunikation und Transparenz.
- Er dient als Referenz für zukünftige Pressearbeit, Kampagnen oder Rückfragen.

Achtung: Wie bereits in Kapitel 3.1.2 beschrieben darf ein Artikel, der von einer Zeitung oder einem anderen Medium veröffentlicht wurde, nicht ohne Erlaubnis für irgendeinen externen Zweck verwendet wurde. Auch nicht für einen „stolzen" Social-Media-Post oder als Anhang eines Briefs an einen Unterstützenden!

6. Krisenkommunikation

Als ich als PR-Referentin 2019 bei der Diakonie im Nürnberger Land und Neumarkt startete, sagte der damalige Geschäftsführer bei der Besprechung meiner Verantwortlichkeiten lächelnd: „Im Falle einer Krise wären Sie natürlich voll eingebunden und sollten quasi rund um die Uhr zur Verfügung stehen. Aber das ist vollkommen unrealistisch." Vier Wochen später kam die Covid-19-Pandemie!

Spätestens seitdem wissen wir (leider), dass Krisen (manchmal plötzlich) passieren. Und dass sie dauern können und manche Ausnahmesituation mit sich bringen. Nach der langen Zeit der Pandemie kam der Ukrainekrieg, was für die Diakonie und viele andere soziale Organisationen erneut große Herausforderungen mit sich brachte.

Es ist daher für soziale Organisationen (überlebens)notwendig, auf Krisen vorbereitet zu sein – auch und gerade in der Kommunikation! Krisenkommunikation beginnt also am besten weit vor einer Krise, in ruhigen Zeiten, in denen man alles zusammentragen kann, was für die Kommunikation in einer Krise notwendig ist.

6.1 Was ist eine Krise?

Definition „Krise"

Als „Krise" bezeichnet (man) eine über einen gewissen (längeren) Zeitraum anhaltende massive Störung des gesellschaftlichen, politischen oder wirtschaftlichen Lebens. Krisen bergen gleichzeitig auch die Chance zur (aktiv zu suchenden qualitativen) Verbesserung *(Quelle: Schubert, Klaus/ Klein, Martina: Das Politiklexikon).*

Soziale Organisationen spielen eine zentrale Rolle bei der Unterstützung von Menschen in Not. Doch auch sie sind nicht vor Krisen gefeit. Hier sind einige Beispiele für mögliche Herausforderungen:

1. **Finanzielle Engpässe:**
   Spendenrückgänge, Kürzungen öffentlicher Fördermittel oder unerwartete Kosten können die Finanzierung wichtiger Projekte gefährden.
2. **Personalmangel:**
   Der Fachkräftemangel in der Pflege, in Kitas, im Rettungsdienst und in der Beratung stellt eine ernsthafte Herausforderung dar. Gleichzeitig können Überlastung und Burn-out bei bestehenden Mitarbeitenden auftreten und auch zu Fehlern führen.
3. **Öffentlichkeits- und Reputationskrisen:**
   Negative Berichterstattung, etwa durch Vorwürfe von Missmanagement, Missbrauch oder Fehlern in der Leistungserbringung, kann das Vertrauen der Öffentlichkeit erschüttern.
4. **Organisationsinterne Konflikte:**
   Uneinigkeit in der Führung, unklare Kommunikationsstrukturen oder Spannungen zwischen Haupt- und Ehrenamtlichen können den Betriebsablauf beeinträchtigen.
5. **Unvorhergesehene Ereignisse:**
   Naturkatastrophen, Pandemien oder andere Krisen können zu einer Überlastung der sozialen Organisation führen, insbesondere wenn die (personellen) Ressourcen nicht ausreichen, um der erhöhten Nachfrage gerecht zu werden.

6. **Technologische Herausforderungen:**
   Cyberangriffe oder technische Ausfälle können kritische Infrastrukturen wie Datenbanken oder die Kommunikation lahmlegen.

Alle Punkte erfordern eine professionelle **Krisenkommunikation** sowohl nach innen wie auch nach außen. Klare Kommunikationspläne, regelmäßige Schulungen und flexible Strukturen helfen dabei, Herausforderungen effektiv zu bewältigen und die Handlungsfähigkeit zu sichern.

6.2 Was tun in der Krise?

Denken wir zurück an den Beginn der Covid-19-Pandemie und denken wir an ein Pflegeheim. Mitarbeitende, Bewohnende und Angehörige waren verunsichert und verängstigt. Was wird noch geschehen? Wie geht es weiter? Auch die verantwortlichen Personen im Rathaus und Landratsamt hatten Fragen: Passt die Hygiene? Wie ist die Personalsituation im Heim? Was tut ihr, damit sich niemand ansteckt?

Mit Krisen umgehen

Sicher war die Pandemie eine der herausforderndsten Krisen der letzten Jahrzehnte und sie betraf nicht nur Pflegeheime, sondern die gesamte Republik. Doch auch hier zeigte sich schnell: Kommunikation ist wichtig, sogar extrem wichtig, um Unsicherheiten ab- und Vertrauen aufzubauen: „Es ist nicht leicht, wir wissen manches nicht, aber wir tun unser Möglichstes", konnte die Botschaft lauten. So boten Pflegeheime bspw. Kommunikation über Tablets mit Angehörigen an. Diese konnten sich so davon überzeugen, dass es ihren Liebsten gut ging. Auch regelmäßige E-Mails an Angehörige mit aktuellen Infos zur Lage halfen, die Situation zu entspannen.

Doch gehen wir weg von der großen Krise, hin zu Krisen, wie sie täglich in sozialen Organisationen und Einrichtungen geschehen (können).

Was ist in einer Krisensituation am sinnvollsten?

- Erstmal abwarten und nichts tun?
- Nur die offensichtlichsten Fakten kommunizieren?
- Von Anfang an die Karten auf den Tisch legen?

Auch wenn der erste Impuls sein mag, erstmal abzuwarten, „ob etwas herauskommt", ist dieser Impuls völlig falsch. Zwischen Ruhe bewahren und Nichtstun ist ein himmelweiter Unterschied. Ruhe zu bewahren bedeutet, dass klar und überlegt kommuniziert wird und die nächsten Schritte geplant werden. Nichts zu kommunizieren ist hingegen in der Regel die denkbar schlechteste Lösung. Gerüchte kommen in Umlauf und werden immer gewaltiger, je länger die Phase des Nichtstuns dauert. Die Betroffenen fühlen sich allein gelassen und machen Druck. Dem irgendwann noch Fakten gleich welcher Art entgegenzusetzen, ist immens herausfordernd.

Imageschaden vermeiden

Die **„Salamitaktik"** bei der Kommunikation erleben wir immer wieder bei Führungspersonen in Wirtschaft, Gesellschaft und Politik. Im Fall einer Krise oder eines Skandals wird immer nur ein bisschen, d. h. ein Scheibchen der Salami, zugegeben.

Beispiel „Dieselskandal":

Ein prominentes Beispiel für eine nicht funktionierende „Salamitaktik" war der Dieselskandal, bei dem VW nur scheibchenweise die Manipulation und Verfälschung von Abgaswerten zugab: „Gegenüber der US-Umweltbehörde EPA räumt Volkswagen USA die Manipulation der Abgaswerte offenbar ein. Gegenüber der Öffentlichkeit schweigt sich der Konzern aber weiter aus, statt ad hoc die Verfälschung der Abgaswerte einzuräumen." *(Quelle: NDR Nachrichten)*

Diese Taktik ist fast nie erfolgreich. Im obigen Beispiel leidet VW bis heute unter den finanziellen Folgen der Strafzahlungen und dem Imageschaden. Insbesondere in Zeiten von Google, Social Media und Co. ist eine Verschleierung von Tatsachen nahezu unmöglich. Zahlreiche Doktortitel, die in den letzten Jahren bekannten Personen aberkannt wurden, sind ein Beispiel dafür, dass heutzutage nahezu alles recherchiert und bewiesen werden kann.

Bleibt nur eine Möglichkeit: „Die Karten von Anfang an auf den Tisch legen." Es gilt, alle relevanten Fakten und die nächsten Schritte, die nun unternommen werden, transparent und übersichtlich zu kommunizieren.

Checkliste „Die Schritte der Krisenkommunikation"

1. Krisenstab bilden
2. Sofortmaßnahmen
3. Schnelle offizielle Stellungnahme
4. Interne Kommunikation
5. Externe Kommunikation und Kanäle
6. Nachbereitung und Wiederaufbau der Reputation

6.2.1 Fallbeispiele

Beispiel 1: Pflegeheim in der Covid-19-Pandemie

Die Covid-19-Pandemie stellte Pflegeheime vor extreme Herausforderungen. Die Gesundheit der Bewohner stand im Fokus, was viele auch schwierige Maßnahmen wie bspw. Besuchsstoppe oder die Reduktion/Einstellung von sozialen Angeboten mit sich brachte. Diese Maßnahmen mussten an die Bewohnenden und Angehörigen kommuniziert werden. Auch die Kommunikation mit Mitarbeitenden und Behörden hinsichtlich der zahlreichen hygienischen Auflagen musste transparent und effektiv sein.

Was sind die wichtigsten Schritte in solch einer Situation?

1. Rund-um-die-Uhr-Erreichbarkeit

In einer Krise sind Sorgen und Fragen nicht um 17 Uhr zu Ende. Pflegeheime müssen daher in einer Krise eine 24/7-Erreichbarkeit sicherstellen – sei es durch eine Hotline oder eine Kontaktperson, die für Angehörige, Behörden und Medien ansprechbar ist.

Das verhindert Informationslücken. In der Hochphase der Pandemie baute das das dringend benötigte Vertrauen auf.

2. Klarer Notfall

Ein umfassender Notfallplan, der verschiedene Szenarien abdeckt, ist in einer schwerwiegenden Krise essenziell. In diesem Plan werden Verantwortlichkeiten, Kommunikationswege und Maßnahmen definiert. Regelmäßige Übungen und Aktualisierungen des Plans stellen sicher, dass alle Beteiligten auf dem neuesten Stand sind.

3. Geschäftsführung und Heimleitung müssen sich zeigen

In Krisensituationen erwarten Angehörige und Mitarbeitende Führungsstärke. Die Heimleitung oder der Vorstand bzw. die Geschäftsführung sollten sichtbar und ansprechbar sein – etwa durch regelmäßige schriftliche Mitteilungen per Aushang, Brief oder E-Mail sowie durch Telefonate oder Videokonferenzen. Wenn persönliche Gespräche möglich sind, sollten diese auch erfolgen. Dieses Vorgehen signalisiert Verlässlichkeit und Kompetenz.

4. Persönliche Schreiben an Behörden

Eine enge Zusammenarbeit mit lokalen Behörden ist in Krisenzeiten unerlässlich. Persönliche Schreiben und Anrufe an relevante politische Entscheidungsträger schaffen Transparenz und stärken die Zusammenarbeit. In der Pandemie konnte so gleichzeitig auch notwendige Unterstützung wie zusätzliche Schutzmaterialien oder personelle Ressourcen für das Pflegeheim angefordert werden.

5. Einbeziehung der Angehörigen

Gerade während der Covid-19-Pandemie waren die Bewohnenden und ihre Angehörigen durch Besuchsverbote stark belastet. Regelmäßige schriftliche oder digitale Updates über die aktuelle Situation, getroffene Maßnahmen und Schutzstrategien gaben ihnen Sicherheit. Videokonferenzen oder virtuelle Rundgänge konnten zusätzlich helfen, Nähe trotz Distanz zu schaffen. Manche Heime bekamen Tablets gespendet und konnten so helfen, dass die Bewohnerinnen und Bewohner mit ihren Angehörigen kommunizieren. Eine Aufgabe für die Öffentlichkeitsarbeit war es, dafür Spenden zu generieren!

6. Transparente Information der Mitarbeitenden

Das Personal ist das Rückgrat eines Pflegeheims. In einer Krise müssen die Mitarbeitenden kontinuierlich über die aktuelle Lage, neue Maßnahmen und mögliche Änderungen informiert werden. Dies kann durch tägliche Team-Meetings, Aushänge oder eine interne Kommunikationsplattform erfolgen. Eine offene Feedback-Kultur hilft, Ängste abzubauen und Lösungen zu finden.

Beispiel 2: Läuse im Kindergarten

Eine etwas kleinere, aber umso lästigere Krise sind Läuse in Kindergärten. Immer wieder kommt es sogar vor, dass durch Läuse Gruppen oder sogar ganze Einrichtungen für einige Tage den Betrieb einstellen müssen.

1. Ruhe bewahren und professionell handeln

Wichtig ist, dass die pädagogischen Fachkräfte ruhig bleiben und die Situation sachlich angehen. Hektik oder gar Schamgefühl haben keinen Platz – schließlich ist ein Befall weder ungewöhnlich noch ein Zeichen für mangelnde Hygiene. Wichtig ist, dass die Situation schnell kommuniziert wird und so eine Ausbreitung bspw. auf andere Gruppen verhindert wird.

2. Sofortige Information der Eltern

Transparenz ist das A und O. Die Eltern sollten umgehend informiert werden, sobald bei einem Kind ein Läusebefall festgestellt wird. Ein Rundschreiben – entweder in Papierform oder digital, ggf. in verschiedenen Sprachen, ist hierfür eine gute Möglichkeit. Darin sollten alle wichtigen Informationen enthalten sein:

- Was hat die Einrichtung bereits gegen die Läuse unternommen?
- Wie können Läuse erkannt werden?
- Welche Maßnahmen sind bei einem Befall zu ergreifen?
- Welche Behandlungsprodukte sind zu empfehlen?
- Hinweis, dass ein Kind erst nach erfolgreicher Behandlung wieder in den Kindergarten kommen darf

3. Beruhigung statt Panik

Neben der Information ist die Kommunikation mit den Eltern entscheidend. Im Schreiben, in Aushängen oder persönlichen Gesprächen sollte klar gemacht werden, dass Läuse nichts mit mangelnder Sauberkeit zu tun haben und mit den richtigen Maßnahmen schnell beseitigt werden können.

4. Mitarbeitende einbinden und informieren

Auch das Team im Kindergarten muss wissen, wie es in solchen Situationen reagieren soll. Eine klare Handlungsanweisung hilft, Unsicherheiten zu vermeiden. Dazu gehört:

- Kinder diskret auf Anzeichen überprüfen
- Eltern betroffener Kinder sensibel ansprechen
- Hygienemaßnahmen im Alltag verstärken (z. B. das Teilen von Mützen oder Haarbürsten vermeiden)

5. Langfristige Prävention etablieren

Prävention ist das beste Mittel, um eine weitere „Läuse-Krise" zu vermeiden. Regelmäßige Informationen dazu sowie zu saisonalen Infektionen oder Hygienethemen können in Newslettern oder Elternabende eingebaut werden. Warum nicht die Anschaffung von Läusesäcken überlegen?

6. Eine offene Gesprächskultur fördern

Eltern und Mitarbeitende sollten jederzeit die Möglichkeit haben, Fragen zu stellen oder Sorgen zu äußern. Eine offene und empathische Gesprächskultur trägt wesentlich dazu bei, Krisen schneller und harmonischer zu lösen.

Richtige Krisenkommunikation erfordert Transparenz, Empathie und Schnelligkeit. Wer klar und verlässlich kommuniziert, schafft Vertrauen bei Angehörigen, Mitarbeitenden, Fördernden und Behörden.

Beispiel 3: Unterschlagung von Geld bei sozialem Flohmarkt

Eine gemeinnützige soziale Organisation veranstaltet einen Flohmarkt, dessen Erlös einem wohltätigen Zweck zugutekommen soll. Insgesamt werden 5000 Euro eingenommen. Kurz darauf stellt die Organisation fest, dass 1000 Euro fehlen. Schnell entsteht der Verdacht, dass sich ein Mitarbeitender bereichert haben könnte. Die Organisation erstattet Anzeige und übergibt den Vorfall der Polizei. Es droht ein erheblicher Imageschaden, insbesondere weil Vertrauen eine zentrale Ressource für soziale Organisationen darstellt und der Flohmarkt zudem überwiegend von Ehrenamtlichen gestemmt wurde.

1. Krisenstab bilden

- Mitglieder festlegen: Geschäftsführung, Bereichsleitung, PR-Verantwortliche, eventuell juristisch Beratende; Sprecher benennen („One voice")

2. Sofortmaßnahmen

- Interne Information der Mitarbeitenden per Rundmail oder Team-Meeting, bevor externe Kommunikation erfolgt
- Kommunikationssperre für alle außerhalb des offiziellen Krisenstabs
- Dokumentation des Vorfalls: Zeitstrahl, Fakten, bereits getroffene Maßnahmen

3. Schnelle offizielle Stellungnahme über Pressemitteilung

Inhalt:

- **Was ist passiert?** (klare, sachliche Darstellung ohne Schuldzuweisung)
- **Wie haben wir reagiert?** (Anzeige erstattet, Zusammenarbeit mit den Behörden)
- **Welche Maßnahmen wurden getroffen?** (z. B. Prüfung aller Finanzprozesse, Freistellung der betreffenden Person bis zur Klärung)
- **Wie geht es weiter?** (unabhängige Prüfung, Rückzahlung sicherstellen, neue Kontrollmechanismen)
- **Was ist uns wichtig?** (Transparenz, Verantwortung, Wiederherstellung des Vertrauens)

4. Interne Kommunikation

- **Mitarbeitenden-Meeting oder Intranet-Mitteilung** mit denselben Informationen
- Möglichkeit für Fragen und Sorgen – z. B. durch eine offene Fragerunde

5. Externe Kommunikation und Kanäle

- **Webseite:** Veröffentlichung der Stellungnahme auf der Startseite
- **Soziale Medien:** Kurzfassung mit Link zur Stellungnahme, Kommentare moderieren, auf konstruktive Weise Rückfragen beantworten
- **Pressekontakt:** Kontaktpersonen benennen, aktive Medienarbeit (Pressegespräch anbieten)

6. Nachbereitung und Reputationsaufbau

- **Regelmäßiges Update** auf den Kanälen: „So setzen wir neue Kontrollmechanismen um", „So wurde das Geld ersetzt", etc.
- **Transparenzbericht oder Sondernewsletter** über Maßnahmen

Persönliches Statement des Vorstandes / der Geschäftsführung

Auch ein empathisches Video oder ein offener Brief des Vorstandes / der Geschäftsführung kann eventuell ein gutes Mittel sein, um das Vertrauen in die Organisation (wieder) zu stärken. Dieser Schritt sollte im Vorfeld mit dem Krisenstab abgewogen werden. Wichtig dabei ist, dass der Aufritt/die Kommunikation authentisch und glaubwürdig ist.

Kernbotschaften:

- „Wir nehmen den Vorfall sehr ernst und handeln konsequent."
- „Wir haben nichts zu verbergen und zeigen alle Schritte offen."
- „Wir sind als Organisation weiterhin für Menschen da, die unsere Hilfe brauchen."
- „Vertrauen ist unser höchstes Gut – und wir kämpfen dafür, es zurückzugewinnen."

Beispiel: Pressemitteilung:

Überschrift: „Transparenz und Konsequenz: Unsere Reaktion auf einen internen Vorfall"

Mit großem Bedauern informiert [Name der Organisation] darüber, dass es im Zusammenhang mit unserem zuletzt durchgeführten Spendenflohmarkt zu einem schweren internen Fehlverhalten gekommen ist. Ein Betrag in Höhe von 1000 Euro wurde unrechtmäßig auf ein privates Konto überwiesen. Wir müssen davon ausgehen, dass dies eine Person unserer Organisation veranlasst hat.

Wir haben umgehend reagiert:

- Die zuständigen Behörden wurden informiert, eine Anzeige wurde erstattet.
- Interne und externe Prüfungen wurden eingeleitet.
- Die betroffene Person wurde bis zur vollständigen Klärung von allen Aufgaben entbunden.
- Eine vollständige Rückführung der Mittel wird angestrebt.

Der Spendenflohmarkt, an dem sich viele engagierte Ehrenamtliche beteiligt haben, erbrachte insgesamt 5000 Euro. Dass ein Teil dieses Geldes missbräuchlich verwendet wurde, steht im Widerspruch zu allem, wofür wir als Organisation stehen.

Was wir jetzt tun:

- Wir überprüfen und stärken unsere internen Kontrollmechanismen nachhaltig.
- Wir veröffentlichen regelmäßig transparente Updates zu diesem Fall.
- Wir führen Gespräche mit allen, die uns unterstützen und spenden, um Vertrauen zurückzugewinnen.

Unsere Organisation steht seit [Anzahl] Jahren für soziale Verantwortung, Integrität und Solidarität. Der aktuelle Vorfall trifft uns tief – aber er motiviert uns auch, uns weiterzuentwickeln, zu lernen und noch stärker für unsere Werte einzustehen.

Wir danken allen, die uns in dieser herausfordernden Zeit mit Vertrauen begegnen. Für Rückfragen stehen wir jederzeit zur Verfügung.

Mit freundlichen Grüßen
[Name]
[Position]
[Kontaktinformationen]

Beispiel: Internes Rundschreiben an die Mitarbeitenden:

Betreff: Information zum Vorfall beim Spendenflohmarkt

Absender: Geschäftsführung/Vorstand
Verteiler: Alle Mitarbeitenden
Vertraulichkeit: Intern – nicht zur Weitergabe

Liebe Kolleginnen und Kollegen,

heute wenden wir uns mit einer ernsten, aber notwendigen Information an euch: Im Zusammenhang mit unserem letzten Spendenflohmarkt, bei dem wir gemeinsam 5000 Euro für einen guten Zweck gesammelt haben, ist es zu einem Vorfall gekommen, der uns als Organisation sehr belastet.

Was ist passiert?
Es wurde festgestellt, dass ein Betrag in Höhe von 1000 Euro unrechtmäßig auf ein privates Konto überwiesen wurde. Die Person, die das mutmaßlich veranlasst hat, ist Teil unserer Organisation. Der Vorfall wurde unverzüglich zur Anzeige gebracht und wird derzeit von der Polizei untersucht. Die betreffende Person wurde bis zur Klärung von allen Aufgaben entbunden.

Wie gehen wir vor?
Wir sind zutiefst betroffen über diesen Vertrauensbruch, aber wir handeln transparent, verantwortungsvoll und konsequent:

- Die Polizei wurde eingeschaltet.
- Eine externe Prüfung unserer Finanzprozesse läuft bereits.
- Wir arbeiten an neuen Kontrollmechanismen, u. a. dem Vieraugenprinzip und automatisierten Prüfprozessen.
- Die Öffentlichkeit wird in einer offiziellen Stellungnahme informiert.

Warum ist diese Information wichtig für euch?
Weil wir euch nicht im Unklaren lassen wollen. Viele von euch haben sich mit großem Engagement am Flohmarkt beteiligt. Es ist unser Anspruch, euch offen, frühzeitig und umfassend zu informieren – auch über schwierige Entwicklungen.

Was wir jetzt brauchen:

- Zusammenhalt, statt Schuldzuweisungen oder Spekulationen!
- Konstruktive Vorschläge zur Verbesserung unserer Abläufe – bitte meldet euch, wenn ihr Ideen habt!
- Vertrauen und Zuversicht in den Weg, den wir gemeinsam gehen!

Wir wissen, wie wichtig euer Engagement, euer Einsatz und eure Loyalität sind. Umso mehr danken wir euch, dass ihr auch in herausfordernden Momenten mit uns gemeinsam für unsere Werte einsteht: Transparenz, Verantwortung, Solidarität.

Bitte zögert nicht, euch bei Fragen oder Sorgen direkt an [Krisenstab] zu wenden. Wir werden euch über alle relevanten Entwicklungen regelmäßig informieren.

Vielen Dank für euer Vertrauen!

Mit kollegialen Grüßen,
[Name der Leitung/Geschäftsführung]

6.3 Nach der Krise ist vor der Krise

Krisen sind unvermeidbar – aber ihre Auswirkungen können erheblich abgemildert werden, wenn soziale Organisationen professionell handeln. Eine effektive Kommunikation ist dabei das Fundament, um Vertrauen zu bewahren, Handlungsfähigkeit zu sichern und aus vergangenen Herausforderungen zu lernen.

Nach der Krise

Nach jeder Krise sollte eine gründliche Nachbereitung erfolgen. Dazu gehört es, Erfolge und Defizite zu reflektieren und sich zu fragen:

- Welche Kommunikationsmaßnahmen haben gut funktioniert?
- Wo gab es Schwächen?
- Was sollten wir zukünftig ändern?

Bei der Aufarbeitung sollte das Feedback von möglichst vielen verschiedenen internen und externen Beteiligten mit einbezogen werden.

Krisenhandbuch erstellen

Ein klar strukturiertes und an die Organisation angepasstes **Krisenhandbuch** ist für die Krisenkommunikation sinnvoll. Es sollte regelmäßig überarbeitet und auf den neuesten Stand gebracht werden. Enthalten sein sollten:

- **Rollen und Verantwortlichkeiten:** Wer übernimmt welche Aufgaben in einer Krise?
- **Kommunikationswege:** Wer spricht mit wem? (klare Richtlinien für interne und externe Kommunikation, inklusive Eskalationsketten)

- **Vorlagen:** vorbereitete Pressemitteilungen/Bausteine für PM, E-Mails und FAQ sparen im Ernstfall Zeit und reduzieren Fehler

WICHTIG: Gerade in sozialen Organisationen sollte Krisenkommunikation eng an den eigenen Werten ausgerichtet sein, um Konstanz in der öffentlichen Wahrnehmung zu haben und die eigene Reputation nicht zu schädigen!

- **Klarheit und Ehrlichkeit:** Offenheit in der Kommunikation reduziert Unsicherheiten. Erklären Sie Maßnahmen, machen Sie klar und deutlich, was Sie wie erreichen wollen.
- **Empathie und Menschlichkeit:** Zeigen Sie in jeder Situation, dass das Wohl der Menschen im Mittelpunkt steht.
- **Kontinuität:** Informieren Sie regelmäßig und zuverlässig, auch wenn es gerade nichts Neues gibt. Eine kurze E-Mail wie „Wie versprochen unser tägliches Update. Es gibt keine neuen Fallzahlen von Covid-19-Fällen, alle eingeführten Schutzmechanismen greifen weiterhin gut." strahlt Ruhe und Verlässlichkeit aus.

Dialogkultur

Nach der Krise ist vor der Krise – dieser Leitsatz erinnert soziale Organisationen daran, dass Prävention in der Kommunikation ein kontinuierlicher Prozess ist. Mit klaren Strukturen, geschulten Teams und einer offenen Dialogkultur kann jede Organisation nicht nur besser auf künftige Krisen reagieren, sondern sie mit Vertrauen und Stärke meistern. Jede Krise ist auch eine Chance, sich zu bewähren und zu zeigen, wie gut die Organisation dafür gerüstet ist und wie verlässlich, transparent und kompetent sie Herausforderungen meistert und darüber informiert.

Tipp: Als PR-verantwortliche Person sollten Sie die Geschäftsführung auch in „guten" Zeiten an mögliche Krisen erinnern. Im Alltag bleibt oft wenig Zeit dafür, doch ein Workshop zum Thema „Krise" kann auch als eine Art Teamevent umgesetzt werden. Jeder Bereich kommt zum Workshop mit einem Krisenszenario (Salmonellen im Essen der Kita, schwerer Wasserschaden bei der Tafel, Einbruch ins Pflegeheim) und in Gruppen wird die Krisenkommunikation dazu entwickelt. Im Anschluss kann gemeinsam gegrillt, musiziert und gelacht werden.

Buchtipp: Das Buch *„Krisenfestigkeit sozialwirtschaftlicher Organisationen"* aus der Blauen Reihe Sozialmanagement (Prinz/Kränzl-Nagl 2024) enthält einen übersichtlichen Leitfaden für den Aufbau eines Krisenmanagementhandbuchs für soziale Organisationen sowie diverse Tools für die Analyse von Zielgruppen und das Stakeholdermanagement in Krisenzeiten.

7. Fundraising

Früher sprach man schlicht vom „Spenden sammeln“, doch dieser Begriff wirkt heute oft zu einfach und möglicherweise sogar ein wenig aufdringlich. Der moderne Begriff „Fundraising“ hat sich etabliert, doch hinter dem englischen Ausdruck verbirgt sich nichts anderes als der Versuch, finanzielle Unterstützung für ein soziales Unternehmen oder eine gemeinnützige Organisation zu gewinnen. Das Thema „Fundraising“ ist komplex und bei größeren Organisationen oft auch schon sehr professionell aufgestellt. Doch muss man keine Wissenschaft daraus machen und sollte auch keine Angst davor haben, sich ans Spenden sammeln zu wagen. In diesem Kapitel werden die wichtigsten Punkte, die jede soziale Organisation für sich umsetzen kann, kurz und übersichtlich dargestellt. Wer mehr wissen will: In der Literaturliste sind Empfehlungen für Publikationen sowie hilfreiche Links zum Fundraising aufgeführt.

7.1 Warum ist Fundraising so wichtig?

Soziale Einrichtungen und Organisationen sind fast immer auch auf Spenden angewiesen, um ihre Arbeit durch- oder fortführen zu können. Denn viele Angebote, insbesondere im Ehrenamt oder in der Beratung, aber auch Anschaffungen oder spezielle Therapieangebote sind nicht über bestehende Finanzierungen oder Fördermittel abgedeckt. Ob es also darum geht, Projekte umzusetzen, neue Angebote zu schaffen oder bestehende Strukturen zu sichern: Ohne finanzielle Mittel ist vieles nicht möglich. Fundraising ist daher nicht nur eine Nebensache, sondern auch ein zentraler Bestandteil des Erfolgs sozialer Arbeit.

7.2 Definition von Fundraising

Definition Fundraising

> Fundraising bedeutet, gezielt Geld und andere Ressourcen für gemeinnützige, soziale, kulturelle oder politische Projekte zu sammeln. Dabei werden verschiedene Methoden und Strategien genutzt, um Privatpersonen, Unternehmen, Stiftungen oder andere Organisationen als Unterstützende zu gewinnen.

7.3 Fundraising – Presse- und Öffentlichkeitsarbeit

Fundraising und Öffentlichkeitsarbeit sind wie zwei Zahnräder, die perfekt ineinandergreifen müssen, um erfolgreich Spenden zu akquirieren. Eine effektive Presse- und Öffentlichkeitsarbeit ist der Schlüssel, um die soziale Organisation und ihre Projekte sichtbar zu machen. Denn: Nur wer wahrgenommen wird, der erfährt auch Unterstützung.

PR für Spenden

Mit PR wird nicht nur auf die Organisation und ihre Arbeit aufmerksam gemacht, sondern auch gezielt für die Projekte geworben, für die finanzielle Mittel benötigt werden, z. B. einen Massagesessel für ein Pflegeheim oder eine Kletterwand für einen Hort. Durch Medienberichte, Social-Media-Kampagnen, Veranstaltungen oder Newsletter können potenzielle Spender erreicht und begeistert werden. Dabei ist es entscheidend, Geschichten zu erzählen, die bewegen und das Engagement der Organisation greifbar machen. Ein Projekt, das mit Herzblut vorgestellt wird, berührt und motiviert Menschen, sich finanziell oder durch ehrenamtliches Engagement einzubringen.

Ein weiterer wichtiger Aspekt: PR bietet die Möglichkeit, die Unterstützer ins Rampenlicht zu rücken – sofern diese es wünschen. Ob Unternehmen, Stiftungen oder Einzelpersonen: Viele Spender freuen sich, wenn ihr Beitrag öffentlich wertgeschätzt wird. Diese Anerkennung kann durch Presseberichte, Danksagungen auf der Webseite oder Social-Media-Beiträge geschehen.

Enge Abstimmung notwendig

Die Zusammenarbeit von Fundraising und PR muss gut abgestimmt sein. In kleineren sozialen Organisationen übernimmt oft eine Person beide Bereiche, während in größeren Organisationen separate Teams existieren. In beiden Fällen ist eine enge Abstimmung essenziell, um eine einheitliche Kommunikation sicherzustellen. PR und Fundraising arbeiten idealerweise Hand in Hand, indem sie gemeinsame Ziele verfolgen und ihre Botschaften miteinander abstimmen.

Beispiel:

Wenn eine soziale Organisation Spenden für ein neues Projekt sammelt – etwa für die Ausstattung einer Erziehungs- und Jugendberatungsstelle mit einem Kicker oder die Renovierung einer Kita, dann muss die Öffentlichkeit darüber informiert werden. Dies geschieht über die mediale Berichterstattung sowie die Erstellung von Projektberichten, Bildmaterial oder Videoclips.

Gleichzeitig sorgt die für Fundraising verantwortliche Person dafür, dass Spendenkampagnen strategisch und zielgruppengerecht umgesetzt werden. Zunächst analysiert das Team die potenziellen Spendergruppen. Dabei wird untersucht, welche Zielgruppen besonders affin für das Anliegen der Organisation sind, d. h., für welche Privatpersonen, Unternehmen oder Stiftungen diese Spende interessant sein könnte. Diese Analyse hilft dabei, die Ansprache individuell und zielgerichtet zu gestalten. Auf dieser Grundlage werden die verschiedenen Maßnahmen geplant, die die Aufmerksamkeit der Zielgruppen gewinnen sollen. Dazu gehören personalisierte Mailings, die spezifische Interessen oder frühere Engagements der Spender berücksichtigen, ansprechende Social-Media-Kampagnen, die emotional und visuell überzeugen, oder auch Veranstaltungen wie Benefizabende und Tage der offenen Tür, bei denen potenzielle Unterstützer die Arbeit der sozialen Organisation hautnah miterleben können.

Monitoring und Auswertung

Nach der Umsetzung einer Spendenkampagne ist die Nachbereitung genauso wichtig wie die Planung. Beim Fundraising werden die Ergebnisse ausgewertet, um zu verstehen, welche Maßnahmen besonders erfolgreich waren und welche Ansätze weiter optimiert werden können. Durch regelmäßiges Monitoring und Feedback von Spendern bleibt das Fundraising dynamisch und anpassungsfähig.

Insgesamt sorgt Fundraising also dafür, dass Spendenkampagnen strategisch durchdacht und zielgruppenspezifisch gestaltet sind, während PR diese Strategien in der Öffentlichkeit umsetzt.

7.4 Warum spenden Menschen oder Organisationen für soziale Zwecke?

Die Bereitschaft, soziale Zwecke durch Spenden zu unterstützen, hat viele Gesichter. Ob Einzelpersonen, Unternehmen oder Stiftungen: Hinter einer Spende steht meist eine Mischung aus persönlichen Überzeugungen, strategischen Überlegungen und gesellschaftlicher Verantwortung.

Laut Statista haben die Deutschen 2023 rund fünf Milliarden Euro für wohltätige Zwecke gespendet. Etwa 75 Prozent aller Spenden flossen an Hilfsorganisationen. Die durchschnittliche Spende lag bei 40 Euro. Selbst in Zeiten von Inflation und wirtschaftlicher Ungewissheit sind die Menschen in Deutschland dazu entschlossen, Notleidenden zu helfen(https://de.statista.com/infografik/8596/spendenvolumen-und-spendenzwecke-in-deutschland/).

Der Deutsche Spendenrat berichtet auch für 2024 über ähnlich hohe Zahlen. Es gibt laut der von ihm regelmäßig veröffentlichten „Bilanz des Helfens" jedoch auch Herausforderungen. Während die Spendensumme steigt, ist demnach die Zahl der Spender gesunken. Dies betrifft vor allem die humanitäre Hilfe (https://www.spendenrat.de/bilanz-des-helfens-2024/).

Das Geld für die Not- und Katastrophenhilfe ist nach den aktuellen Statistiken im Vergleich zu 2023 zurückgegangen, liegt aber noch immer über dem Niveau von 2019. Projekte in den Bereichen „Bildung", „Kultur" und „Umwelt" verzeichneten einen Anstieg.

7.4.1 Altruismus und emotionale Verbundenheit

Für viele Menschen ist Altruismus, d. h. der Wunsch, Gutes zu tun, ein zentraler Beweggrund, zu spenden. Der Gedanke, anderen zu helfen, die weniger privilegiert sind, oder gesellschaftliche Herausforderungen wie Armut, Bildungslücken oder Umweltprobleme anzugehen, ist für sie Antrieb genug. Das Gefühl zu geben und helfen zu können, löst Befriedigung beim Gebenden, oft sogar Glücksgefühle aus (siehe Literaturhinweise).

Nähe entscheidend für Spender

Ein weiterer wichtiger Faktor ist die emotionale und räumliche Nähe. Menschen spenden oft für Anliegen, die sie persönlich berühren – sei es für ein Krankenhaus, in dem ein Familienmitglied behandelt wurde, für einen Kindergarten, in den die eigenen Kinder gehen, oder für eine Beratungsstelle, die sich für Menschen einsetzt, die so wie sie selbst eine Depression oder Suchterfahrung erlebt haben.

7.4.2 Stiftungen

Stiftungen haben eine zentrale Rolle im Bereich der sozialen Unterstützung. Sie bündeln finanzielle Mittel und setzen diese gezielt für gemeinnützige Projekte ein – sei es in der Bildung, Kultur, Forschung oder sozialen Arbeit. Ihre Aufgabe ist es, langfristig und nachhaltig gesellschaftliche Verbesserungen herbeizuführen. Für viele Stiftende ist dies eine Möglichkeit, über ihr eigenes Leben hinaus Wirkung zu erzielen und ihre Werte weiterzugeben. Sie suchen sich die Zwecke ihrer Stiftung konkret aus. Eine langfristige enge Beziehung zu (potenziellen) Stifterinnen und Stiftern schon zu Lebzeiten zahlt sich für beide Seiten aus, weil damit schon früh Vertrauen entsteht.

Tipp: Stiftungen, die sich um soziale Zwecke kümmern, findet man z. B. über den Bundesverband Deutscher Stiftungen (https://stiftungssuche.de/).

Aber auch unter den Spendern finden sich möglicherweise Menschen, die Interesse an einer Stiftung haben. Etliche soziale Organisationen ermöglichen in solchen Fällen bspw. Engagement über eigene Stiftungen oder in Form von Zustiftungen.

7.4.3 Unternehmen

Unternehmen engagieren sich zunehmend für soziale Zwecke, nicht nur aus altruistischen Gründen, sondern auch als Teil ihrer Strategie zur Imageförderung. **Corporate Social Responsibility (CSR)** ist heute Standard. Eine gut durchdachte Spendenpolitik oder Kooperation mit gemeinnützigen Organisationen zeigt gesellschaftliches Verantwortungsbewusstsein und stärkt die Bindung zur Region. Lokale Arbeitgeber, die eine Tafel, ein Kinderheim oder ein Pflegeheim unterstützen, signalisieren nicht nur den Mitarbeitenden, sondern auch der Kundschaft: „Wir sind Teil dieser Gemeinschaft und tragen unseren Teil dazu bei, sie zu stärken."

7.4.4 Überzeugungsarbeit

Mit Botschaften arbeiten

Ob aus Nächstenliebe, kluger Strategie oder persönlicher Verbindung: Spenden sind eine echte Win-win-Situation. Sie helfen Menschen, die Unterstützung brauchen, und geben denen, die spenden, das gute Gefühl, etwas Positives zu bewirken. Spenden sind mehr als nur Geld geben – sie zeigen Verantwortung, Mitgefühl und den Wunsch, die Welt ein bisschen besser zu machen. Die Aufgabe der für Fundraising bzw. für die Presse- und Öffentlichkeit verantwortlichen Person ist es, diese Botschaft zu nutzen, um Menschen, Stiftungen und Unternehmen davon zu überzeugen, genau ihr soziales Projekt zu unterstützen!

7.5 Wie fange ich an?

Der Anfang ist am schwierigsten. Daher beginnen Sie zunächst mit „Schreibtischarbeit", d. h. mit einer Recherche, und erstellen Sie eine Liste aller relevanten Stiftungen und Unternehmen in Ihrer Region.

7.5.1 Erstellung einer umfassenden Liste

Nutzen Sie dazu verschiedene Recherchewege und Möglichkeiten.

- **Internetrecherche:** Besuchen Sie die Webseiten von Unternehmen und Stiftungen. Viele haben eine Rubrik über ihre Förderprojekte oder ihr gesellschaftliches Engagement.
- **Netzwerke:** Fragen Sie in Ihrer Organisation nach Kontakten oder Hinweisen zu Unternehmen, die bereits Unterstützung angeboten haben.

- **Verzeichnisse und Plattformen:** Es gibt spezielle Datenbanken und Plattformen, auf denen Fördermöglichkeiten und Kontakte zu Unternehmen und Stiftungen gelistet sind.

Tipp: www.betterplace.org ist Deutschlands größte Spendenplattform, dort kann man sich anmelden und eigene Spendenprojekte einstellen, für die man zu Spenden aufruft.

Tipp: Für bestimmte Projekte können auch „offizielle" Fördermittel eingeworben werden, hier gibt es allerdings starke Regularien, die zuerst geklärt werden sollten. Im Literaturverzeichnis findet sich zum Thema Fördermittelmanagement ein Verweis auf einen aktueller Ratgeber, der auch die Fallstricke beschreibt.

7.5.2 Recherche zu Ansprechpartnern und bisherigen Projekten

Schauen Sie auf den Webseiten der Unternehmen und Stiftungen, die Sie gefunden haben, nach, wer für soziale Projekte zuständig ist. Häufig finden Sie

- Namen und Kontaktdaten der Ansprechpartner, die sich um CSR oder Förderprogramme kümmern sowie
- Informationen zu Projekten, die diese Organisationen bereits unterstützt haben. Diese können Ihnen helfen, Ihre Anfrage gezielt zu formulieren.

7.5.3 Verbindungen nutzen und „Türöffner" finden

Empfehlungen helfen

Überlegen Sie, ob jemand in Ihrer Organisation oder in Ihrem Netzwerk bereits einen persönlichen Kontakt zu einer der relevanten Ansprechpersonen hat. Sprechen Sie auch in Verbänden, bei Veranstaltungen oder in sozialen Netzwerken über Ihr Anliegen. Wenn ein Kontakt besteht, bitten Sie diese Person, den ersten Schritt zu machen. Eine persönliche Empfehlung oder ein Anruf kann oft Türen öffnen, die durch eine E-Mail verschlossen bleiben würden.

7.5.4 Erstkontakt herstellen

Wenn Sie keine persönliche Verbindung haben, dann scheuen Sie sich nicht, den ersten Schritt zu machen. Sie tun Gutes! Die Kontaktpersonen werden freundlich auf Ihre Kontaktaufnahme reagieren.

- **E-Mail:** Schreiben Sie eine prägnante und freundliche E-Mail. Stellen Sie Ihre Organisation kurz vor, schildern Sie Ihr Anliegen und erklären Sie, warum Sie glauben, dass die Stiftung oder das Unternehmen ein passender Partner ist.
- **Telefon:** Ein direkter Anruf wirkt persönlicher als eine E-Mail und ermöglicht Ihnen, sofort auf Rückfragen einzugehen.

- **Kombination**: Schreiben Sie zunächst eine E-Mail und kündigen Sie in dieser bereits an, dass Sie in den nächsten 14 Tagen diesbezüglich anrufen werden, um Möglichkeiten einer Kooperation/Unterstützung oder eines persönlichen Kennenlernens zu besprechen.

7.5.5 Einladung zum Kennenlernen

Laden Sie die Ansprechpartner zu einem persönlichen Treffen ein:

- **Besichtigung Ihrer Organisation:** Gewähren Sie vor Ort Einblicke, woran Sie arbeiten. Zeigen Sie konkrete Projekte, Herausforderungen und Erfolge.
- **Veranstaltungen:** Organisieren Sie ein Event, bei dem sich Unternehmen und potenzielle Unterstützende ein Bild von der Arbeit / dem Projekt machen können.
- **Unverbindliches Treffen:** Ein gemeinsames Gespräch in einem Café schafft eine entspannte Atmosphäre, um über mögliche Kooperationen zu sprechen.

Fakten und Zahlen

Bereiten Sie sich gut auf das Treffen vor:

- **Präsentation Ihrer Organisation:** Halten Sie Zahlen, Fakten und insbesondere emotionale Geschichten bereit, die die Bedeutung Ihrer Arbeit unterstreichen.
- **Bedarfsanalyse:** Erläutern Sie konkret, wie die Unterstützung aussehen könnte – sei es finanziell, materiell oder durch Know-how.
- **Flexibilität:** Hören Sie aufmerksam zu und passen Sie sich den Möglichkeiten und Interessen des Gegenübers an.

7.6 Zentrale Elemente des Fundraisings

Fundraising zielt darauf ab, spezifische finanzielle Mittel oder Ressourcen zu beschaffen, die für die Umsetzung bestimmter Projekte, Anschaffungen oder die allgemeine Aufrechterhaltung der Angebote einer Organisation erforderlich sind.

Vielfalt an Methoden: Die Methoden reichen von klassischen Spendenaufrufen, Events und Lotterien bis hin zu moderneren Ansätzen wie Crowdfunding oder Onlinekampagnen.

Beziehungsmanagement: Fundraising baut auf langfristige Beziehungen zu Personen, die unterstützen, die durch Transparenz, Vertrauen und Dankbarkeit gepflegt werden.

Mehr als Geld: Neben finanziellen Mitteln kann Fundraising auch Sachspenden, ehrenamtliche Hilfe oder ideelle Unterstützung umfassen.

Transparenz schaffen

Ein erfolgreicher Ansatz für Fundraising beginnt mit einer klaren Kommunikation. Transparenz darüber, wofür das Geld verwendet wird, ist entscheidend. Potenzielle Spender möchten wissen, dass ihre Unterstützung sinnvoll eingesetzt wird. Organisationen, die offenlegen, wie ihre Mittel verwendet werden und welche Wirkung sie erzielen, gewinnen das Vertrauen potenzieller Spender.

Tipp: Das DZI (Deutsches Zentralinstitut für soziale Fragen)-Spendensiegel bescheinigt gemeinnützigen Organisationen einen verantwortungsvollen und transparenten Umgang mit Spenden. Es steht für Sparsamkeit, Wirksamkeit und unabhängige

Kontrolle – und stärkt das Vertrauen der Öffentlichkeit. Aktuell tragen rund 230 Organisationen das Siegel, das sich als unabhängige Entscheidungshilfe etabliert hat und auch international Anerkennung genießt.
https://www.dzi.de/spendenberatung/spenden-siegel/

Ebenso wichtig ist es, das Engagement der Spender zu würdigen – sei es durch persönliche Dankesschreiben, Berichte über die Wirkung der Spenden oder Veranstaltungen, bei denen Unterstützende die Ergebnisse ihrer Hilfe sehen können. Denn Fundraising bedeutet mehr, als nur Geld zu sammeln. Es bringt Menschen zusammen, die helfen wollen, mit denen, die Unterstützung brauchen, und schafft eine Gemeinschaft, die gemeinsam etwas bewegen kann.

Langfristige Verbindung

Dabei geht es nicht nur darum, finanzielle Mittel zu sichern. Fundraising baut auch eine Verbindung zwischen sozialen Organisationen und der Gesellschaft auf – eine Verbindung, die gerade in schwierigen Zeiten besonders wichtig ist.

7.7 Beispiel „Fundraising für neue Stühle in einer Kita"

Der Kindergarten Regenbogen benötigt dringend neue Stühle, der kommunale Träger kann die Finanzierung in diesem Jahr nicht zusichern. Was nun? Die für Fundraising verantwortliche Person überlegt sich eine Strategie und stimmt diese mit der Geschäftsführung, den betroffenen Mitarbeitenden und der für die PR verantwortlichen Person ab.

Eltern ansprechen

Ein persönlicher Brief oder eine E-Mail an alle Eltern informiert über die Kampagne. Dem Brief werden Fotos des aktuellen Zustands der Stühle beigefügt:

Beispiel „Anschreiben":

Liebe Eltern,

nach Jahren voller Bastelarbeiten, Malereien und gemeinsamer Mahlzeiten haben unsere Stühle ihren Dienst mehr als erfüllt. Jetzt ist es Zeit für frischen Wind und bequemere Sitzmöglichkeiten – und dafür brauchen wir Ihre Unterstützung!

Neue Stühle bedeuten nicht nur mehr Komfort, sondern auch eine sicherere Umgebung für die Kinder. Mit ergonomischen und robusten Möbeln können wir den Alltag in der Kita weiter verbessern. Doch die Anschaffung hochwertiger Stühle ist eine finanzielle Herausforderung, die wir nur gemeinsam meistern können.

Wir freuen uns daher über Ihre Spende für die neuen Stühle!

Viele Grüße,
Kerstin Wilke
Leitung des Kindergartens Regenbogen

Social Media: Auch auf Social Media werden die Fotos und der Spendenaufruf veröffentlicht.

Pressemitteilung: In der Pressemitteilung wird ebenfalls um Spenden gebeten. Die Pressevertretenden werden auch dazu eingeladen, die Kita zu besichtigen.

Möbelhaus oder Hersteller einbinden: Unternehmen werden (siehe Elternbrief) angeschrieben. Es wird um eine Sach-, Geldspende oder Rabatt gebeten. Hier sollte jedoch nicht die Leitung des Kindergartens, sondern die Leitung der gesamten sozialen Organisation unterschreiben.

Es ist geschafft, die Stühle konnten finanziert und geliefert werden. Alle, die gespendet haben – Eltern, Gewerbetreibende, Unternehmen – sind in die Kita eingeladen. Fotos von fröhlichen Kindern auf ihren neuen Stühlen werden auf Social Media und in einer Pressemitteilung geteilt, um den Erfolg sichtbar zu machen.

Wertschätzung zeigen

Ein Dankschreiben an alle, die gespendet haben, ergänzt durch Fotos von den neuen Stühlen, wird im Anschluss ausgesendet und zeigt Wertschätzung.

7.8 Beispiel „Fundraising für die Reittherapie von autistischen Kindern"

7.8.1 Recherche von Fakten

Zunächst werden von der für Fundraising verantwortlichen Person für dieses kostenintensive Projekt Fakten gesammelt, die für die Reittherapie sprechen und in einem ansprechenden, zunächst internen Text umgesetzt werden (siehe auch Literaturhinweis). Dieser wird in der sozialen Organisation präsentiert und abgestimmt, um danach die Kampagne extern zu starten.

Konzept „Fundraising Reittherapie":

Reittherapie ist weit mehr als nur eine schöne Aktivität mit Pferden. Sie ist eine bewährte Methode, um Kinder mit Autismus in ihrer Entwicklung zu fördern und ihnen eine neue Welt der Möglichkeiten zu eröffnen. Die Reittherapie nutzt die einzigartige Verbindung zwischen Mensch und Pferd, um auf sanfte Weise Entwicklungsprozesse zu fördern. Doch diese wertvolle Therapieform ist oft kostenintensiv und für viele Familien finanziell schwer zu stemmen. Deshalb starten wir eine Fundraising-Kampagne, um autistischen Kindern den Zugang zu dieser besonderen Therapie zu ermöglichen.

Die Vorteile im Überblick:

- **Förderung der sozialen Fähigkeiten:** Kinder lernen, Vertrauen aufzubauen, klare Signale zu senden und die nonverbalen Rückmeldungen der Pferde zu verstehen.
- **Stärkung der Motorik und Koordination:** Durch die Bewegungen auf dem Pferderücken wird die Körperwahrnehmung verbessert und der Gleichgewichtssinn trainiert.
- **Stressreduktion:** Pferde strahlen Ruhe aus, was den Kindern hilft, sich zu entspannen und Ängste abzubauen.
- **Selbstbewusstsein stärken:** Der Umgang mit einem so großen Tier und die kleinen Erfolgserlebnisse während der Therapie lassen Kinder über sich hinaus wachsen.

Auch für die Eltern bedeutet die Reittherapie eine große Entlastung. Zu sehen, wie ihr Kind Fortschritte macht und eine besondere Verbindung zu den Pferden aufbaut, gibt neue Hoffnung und Energie.

7.8.2 Nächste Schritte

Die Kampagne hat in der sozialen Organisation „von ganz oben" das Okay bekommen. Nun gilt es, die nächsten Schritte zu planen.

Sichtbarkeit schaffen: Fotos und Videos

Ein Bild sagt mehr als tausend Worte, daher sollten Fotos und Videos erstellt werden, die den Reitstall, das Pferd, Kinder bei der Therapie oder die glücklichen Momente dieser Kinder zeigen. Hierzu kann mit dem ausgewählten Therapiestall vereinbart werden, dass kostenlose Schnupperstunden zu diesem Zweck durchgeführt werden.

Abbildung 24: Reittherapie (Foto: Iris Lederer)

Eltern aktiv einbinden

Die Eltern der betroffenen Kinder werden direkt angesprochen und über die Vorteile der Reittherapie informiert. Sie können finanziell unterstützen und/oder die Kampagne in ihrem Umfeld breit streuen und teilen. Dadurch können zusätzliche Unterstützende gewonnen werden.

Information medial breit streuen

Eine ausführliche Pressemitteilung über die geplante Fundraising-Kampagne wird mit den Fotos der Kinder bei der Reittherapie an die regionalen Medien gesandt und in den eigenen Social-Media-Kanälen so breit wie möglich gestreut.

Firmen und Stiftungen anschreiben

Regionale Unternehmen und Stiftungen werden kontaktiert und um finanzielle Unterstützung gebeten. Gezielt können auch Reitausrüstungsanbieter um Sachleistungen vom Reithelm bis hin zu Reitstiefeln gebeten werden.

Beispiel „Anschreiben":

Betreff: Unterstützung für Reittherapie: Gemeinsam Kindern mit Autismus helfen

Guten Tag Frau Rosenstock,

wir wenden uns heute mit einem besonderen Anliegen an Sie. Wir möchten den Kindern mit Autismus, die in unserer Einrichtung täglich nachmittags betreut werden, den Zugang zur Reittherapie ermöglichen – eine bewährte Methode, die Kindern hilft, ihre sozialen Fähigkeiten zu stärken, Selbstbewusstsein aufzubauen und ihre motorischen Fähigkeiten zu verbessern.

Die Reittherapie ist nicht nur eine wertvolle Unterstützung für die Kinder, sondern auch eine Entlastung für ihre Familien. Eltern berichten, wie positiv sich die Begegnung mit den Pferden auf ihre Kinder auswirkt und wie viel Hoffnung und Freude die kleinen Fortschritte bringen.

Um dieses Angebot möglichst vielen Familien zugänglich zu machen, sind wir auf Unterstützung angewiesen. Mit Ihrer Hilfe können wir die Kosten für die Therapie decken und so neue Impulse im Leben dieser Kinder bewirken.

Gerne möchten wir Sie einladen, den Reitstall und die Therapie vor Ort kennenzulernen. Anbei finden Sie ein Foto, das letzte Woche dort gemacht wurde. Sie haben die Möglichkeit, sich auch gerne ein persönliches Bild von der Therapiearbeit zu machen, die dank Ihrer Unterstützung möglich wäre.

Wir würden uns freuen, Sie oder Ihr Unternehmen als Unterstützer dieses Herzensprojekts gewinnen zu können. Jede Spende, ob groß oder klein, hilft dabei, den Kindern ein Stück Lebensqualität zu schenken. Bei Fragen oder für weitere Informationen stehen wir Ihnen gerne zur Verfügung!

Viele Grüße
Martin Bauer
Vorstand der Lebenshilfe Musterstadt*
Tel.: 01234567-8910
E-Mail: m.bauer@lebenshilfemuster.de

***Hier sollte tatsächlich die höchste Ebene der Organisation unterschreiben!**

Einladung in den Reitstall

Um das Projekt erlebbar zu machen, werden potenzielle Unterstützer, Presse und alle Interessierten zu einem Besuch in den Reitstall eingeladen, der die Therapie durchführen wird. Vor Ort können sie die Arbeit der Therapeuten und die Begeisterung der Kinder hautnah erleben.

Wenn die Finanzierung steht

Sobald die Finanzierung gesichert ist, wird mit der Umsetzung der Reittherapie für die Kinder begonnen. Dieser Prozess wird mit regelmäßigen Updates, Fotos und Videos auf den Social-Media-Kanälen und Pressemitteilungen bzw. Einladungen der Medien begleitet. So können die Unterstützer sehen, was ihre Spenden bewirken.

Dankschreiben und Anerkennung

Alle, die zum Erfolg der Finanzierung beigetragen haben, erhalten ein persönliches Dankschreiben, in dem mit Fotos und kleinen Geschichten gezeigt wird, wie die Reittherapie das Leben der Kinder bereichert. Ein weiteres persönliches Anschreiben erfolgt bspw. zu Weihnachten oder zum „einjährigen Jubiläum" der Reittherapie, um positiv im Gedächtnis zu bleiben und den Kontakt nachhaltig zu stärken.

Regelmäßige Reminder

Ein regelmäßiger Reminder sorgt dafür, dass das Reittherapiepojekt nicht in Vergessenheit gerät und die Unterstützer neue Impulse für das Spenden bekommen.

Beispiel „Anschreiben nach einem Jahr":

Betreff: 1 Jahr Reittherapie

Guten Tag Frau Rosenstock,

vor einem Jahr haben Sie uns mit Ihrer großzügigen Spende dabei geholfen, ein Herzensprojekt zu realisieren: die Reittherapie für autistische Kinder. Heute möchten wir Ihnen berichten, welche wunderbaren Entwicklungen durch Ihre Unterstützung möglich geworden sind.

Die Kinder, die regelmäßig an der Reittherapie teilnehmen, haben beeindruckende Fortschritte gemacht. Für viele von ihnen ist der Kontakt mit den Pferden eine Brücke in die Welt: Sie bauen Vertrauen auf, stärken ihre sozialen Fähigkeiten und gewinnen Selbstbewusstsein. Eltern berichten immer wieder, wie sich das positive Erleben während der Reittherapie auf den Alltag der Kinder auswirkt – von mehr innerer Ruhe bis hin zu kleinen, aber bedeutsamen Fortschritten in der Kommunikation.

Wir haben diesem Schreiben einige Fotos beigefügt, die die besonderen Augenblicke der letzten Monate festhalten. Wir hoffen, sie vermitteln Ihnen einen kleinen Eindruck davon, wie viel Ihre Unterstützung bewirkt hat.

Die Eltern der Kinder haben uns ihre Dankbarkeit mehrfach ausgedrückt. Sie fühlen sich entlastet und sind erleichtert, ihren Kindern ein Angebot ermöglichen zu können, das ohne Ihre Hilfe nicht umsetzbar gewesen wäre.

Im Namen der Kinder, ihrer Familien und unseres gesamten Teams möchten wir uns noch einmal von Herzen bei Ihnen bedanken! Ihre Spende hat etwas bewegt und trägt dazu bei, das Leben dieser Kinder nachhaltig zu verbessern.

Viele Grüße
Martin Bauer
Vorstand der Lebenshilfe Musterstadt*
Tel.: 01234567-8910
E-Mail: m.bauer@lebenshilfemuster.de

Hier sollte tatsächlich die höchste Ebene der Organisation unterschreiben!

Einige Wochen oder Monate später könnte an so einen Brief durch ein Telefonat angeknüpft und bspw. zu einem Besuch eingeladen oder bereits am Telefon erörtert werden, dass zwei weitere Kinder gerne an der Therapie teilnehmen würden. So kann um eine weitere Unterstützung, die selbstverständlich auch wieder in der Öffentlichkeit kommuniziert würde, gebeten werden.

Tipp 1: Beginnen Sie mit einem kleinen, überschaubaren Projekt, um so Erfahrungen zu sammeln! Also starten Sie mit einem Spendenaufruf für den Defibrillator für die Suchtberatungsstelle und nicht gleich mit der Neugestaltung der Außenanlagen eines Pflegeheims!

Tipp 2: Ein Brief kann bei kostenintensiven Projekten und der Bitte bzw. dem Dankeschön bei (größeren) Spenden mehr Wirkung entfalten als eine E-Mail. Das Schreiben per Brief sticht aus der Masse der täglichen E-Mails im Postfach heraus. Bitte diesen Brief mit Briefmarke, nicht mit einem Poststempel frankieren! Dies rundet das Gesamtbild positiv ab und zeigt, dass man das Gegenüber wertschätzt, sich Gedanken macht und sich für das Dankschreiben Zeit nimmt.

8. Social Media

In einer zunehmend digitalisierten Welt sind Social-Media-Plattformen als Kanal der Kommunikation nicht mehr nur ein „nice-to-have", sondern ein entscheidender Bestandteil der Öffentlichkeitsarbeit – und das trotz ihrer oft kritisierten Schattenseiten wie Fake-News, Beleidigungen und hitzigen Diskussionen. Doch ihre Vorteile machen sie auch für soziale Organisationen, Vereine und Unternehmen nahezu unverzichtbar.

Direkte Verbindung zu Zielgruppen

Plattformen wie Facebook, Instagram oder LinkedIn bieten eine direkte Verbindung zu Menschen und Zielgruppen. Sie ermöglichen es, Angebote und Projekte vorzustellen, gezielt Fachkräfte zu gewinnen und Unterstützung – sei es durch Spenden oder ehrenamtliches Engagement – zu mobilisieren. Gleichzeitig können die Plattformen helfen, das Image einer Organisation zu stärken und ihre Arbeit in den Fokus der Öffentlichkeit zu rücken. Trotz der damit verbundenen Herausforderungen und Gefahren (Shit-Storms) lohnt es sich daher, Social Media aktiv und bewusst zu nutzen.

8.1 Wer macht was?

Im Idealfall gibt es im Unternehmen nicht nur eine für die PR verantwortliche Person, sondern auch eine für Social Media verantwortliche Person. Diese beiden kooperieren eng. Im Normalfall betreut in kleineren Organisationen die für die PR verantwortliche Person auch Social Media. Dies macht sie nicht allein. Insbesondere kleinere Organisationen stehen vor der Herausforderung, begrenzte Ressourcen bestmöglich einzusetzen.

8.1.1 Zentrale oder dezentrale Organisation?

Es gibt zwei grundsätzliche Modelle, wie Social-Media-Management in einer Organisation organisiert werden kann: zentral oder dezentral. Beide Ansätze haben Vor- und Nachteile, die gut abgewogen werden müssen.

Zentrale Organisation

Bei der zentralen Organisation sendet jeder Bereich der Organisation Fotos und Informationen aus seinem Arbeitsalltag an die für Social Media verantwortliche Person. Diese wählt aus, erstellt Beiträge und plant die Veröffentlichung nach einem Redaktionsplan.

Vorteile einer zentralen Organisation:

- **Klare Struktur:** Alle Beiträge werden an einem zentralen Ort gesammelt, geplant und veröffentlicht. Dies sorgt für Übersichtlichkeit.
- **Einheitlicher Stil:** Die Sprache, Gestaltung und Inhalte bleiben konsistent, was das Image der Organisation stärkt.
- **Einhalten von Regeln:** Die zentrale Koordination gewährleistet, dass wichtige Richtlinien eingehalten werden wie etwa
  - die Einholung von Einverständniserklärungen bei der Nutzung von Bildern,
  - die Einhaltung von Copyrightbestimmungen sowie
  - eine gendergerechte Sprache, insbesondere bei Stellenanzeigen.

Herausforderungen:

Die zentrale Organisation ist zeitintensiv und erfordert eine starke Zusammenarbeit zwischen den einzelnen Bereichen und der für Social Media verantwortlichen Person. Dies ist „mit ein paar Stunden nebenbei" in der Regel nicht zu schaffen.

Dezentrale Organisation

Bei der dezentralen Organisation haben die verschiedenen Bereiche der Organisation direkten Zugriff auf die Social-Media-Plattformen und können selbst Beiträge verfassen und veröffentlichen.

Vorteile einer dezentralen Organisation:

- **Entlastung einzelner Personen:** Die Verantwortung wird auf mehrere Schultern verteilt, wodurch das Arbeitsvolumen besser bewältigt werden kann.
- **Vielfalt der Perspektiven:** Beiträge aus verschiedenen Blickwinkeln und mit unterschiedlichen Schreibstilen sorgen für Abwechslung.
- **Verschiedene Kanäle denkbar:** Mitarbeitende posten, Führungskräfte posten, die Organisation hat ebenfalls einen eigenen Auftritt

Herausforderungen:

- Es besteht die Gefahr, dass der einheitliche Stil, das **Corporate Design** bzw. die **Corporate Identity** verloren gehen. Beiträge könnten uneinheitlich wirken oder wichtige Regeln wie das Copyright, Einverständniserklärungen und das Gendern bei Stellenanzeigen etc. könnten unbeabsichtigt verletzt werden.
- Um dies zu vermeiden, ist es unverzichtbar, dass trotz dezentraler Struktur eine zentrale Kontrollinstanz vorhanden ist!

Eine verantwortliche Person sollte

- Zugriff auf alle Social-Media-Plattformen haben,
- die Einhaltung der Regeln überprüfen und ggf. Beiträge korrigieren können sowie
- alle Kanäle überwachen, um auf Fragen oder Kommentare der Nutzenden schnell reagieren zu können.

8.2 Social Media ist mehr als „mal eben posten"

Ein häufiger Fehler ist die Annahme, Social Media könne „so nebenbei" erledigt werden. Doch professionelles Social-Media-Management erfordert Zeit, Planung und Know-how. Die Regeln der privaten Social-Media-Nutzung sind auf die organisationale Nutzung nicht übertragbar.

8.2.1 Worauf sollten soziale Organisationen achten?

Professionell im Erscheinen

Handgemacht mag manchmal charmant wirken, doch auch soziale Organisationen sollten gewisse Standards einhalten bzw. die Algorithmen von Social Media kennen.

1. **Professionelles visuelles Erscheinungsbild:**

   - Gute, ansprechende Fotos sind essenziell. Bilder sollten scharf sein, die Akteure gut ausgeleuchtet und die Botschaft aussagekräftig.
   - Texte müssen korrekt, gut formuliert und zielgruppenorientiert sein.
   - Inhalte sollten das Image der Organisation positiv unterstützen. Die Wahl der Plattform des Kanals ist entscheidend!

2. **Regelmäßigkeit:**
   Ein verwaister Social-Media-Kanal hinterlässt einen schlechten Eindruck. Es ist besser, sich auf eine oder zwei Plattformen zu konzentrieren und diese konsequent zu bespielen und die User dort über Interaktion zu pflegen, anstatt mehrere Kanäle halbherzig zu betreuen.

3. **Relevante Plattformen:**
   Nicht jede Plattform ist für jede Organisation sinnvoll. Die Wahl der Plattformen sollte sich an den Zielen und Zielgruppen orientieren. Für kleinere Organisationen empfiehlt es sich, die Kapazitäten realistisch einzuschätzen und Prioritäten zu setzen.

4. **Regeln und Richtlinien:**
   Social-Media-Beiträge müssen den rechtlichen Rahmen einhalten, siehe hierzu auch Kapitel 3. Dazu gehört unter anderem

   - die Zustimmung der abgebildeten Personen bei Fotos und Videos,
   - die Wahrung der Urheberrechte für verwendetes Material,
   - die Vermeidung von diskriminierender oder unangemessener Sprache sowie
   - die Impressumspflicht.

Tipp: Bereits mit den kostenlosen Versionen von Canva und CapCut lassen sich Posts mit Fotos und Videos einfach und ansprechend gestalten. Herunterladen und ausprobieren!

8.3 Die richtige Plattform: Qualität vor Quantität

Plattformen und Zielgruppen

Bei der Vielzahl der Social-Media-Plattformen ist es wichtig, gezielt auszuwählen. Jede Plattform hat eigene Besonderheiten und spricht unterschiedliche Zielgruppen an.

8.3.1 Facebook

Facebook ist die klassische Plattform, wenn es um die Vernetzung und den Austausch mit einer breiten Zielgruppe geht. Sie bietet sozialen Organisationen zahlreiche Möglichkeiten, um ihre Arbeit darzustellen, Unterstützer zu gewinnen und ihre Community zu stärken.

- **Zielgruppe:** Facebook wird von einer breiten Altersgruppe genutzt, die User sind hauptsächlich zwischen 25 und 55 Jahren alt, jedoch auch viele ältere Menschen nutzen Facebook. Trotz aller Unkenrufe ist Facebook noch Marktführer unter den Social-Media-Plattformen in Deutschland *(Quelle: Statista).*
- **Inhalte:** ideal für ausführliche Posts, Bilder, Videos und Veranstaltungseinladungen
- **Vorteile für soziale Organisationen:**
  - Aufbau und Pflege einer Community
  - Teilen von Erfolgsgeschichten und Projekten, um Unterstützende zu inspirieren
  - Bewerbung von Veranstaltungen und Spendenaktionen auch in lokalen Gruppen
  - direkte Interaktion durch Kommentare und Messenger

8.3.2 Instagram

Instagram ist die perfekte Plattform für ansprechende Bilder und Videos. Sie eignet sich besonders für soziale Organisationen, die ihre Arbeit visuell in Szene setzen möchten.

- **Zielgruppe:** jüngere und mittlere Altersgruppen, hauptsächlich User zwischen 18 und 35 Jahren
- **Inhalte:** hochwertige Bilder, Storys, Reels und Beiträge, die Emotionen wecken und Geschichten erzählen
- **Vorteile für soziale Organisationen:**
  - Präsentation von Projekten und Erfolgen durch visuell ansprechende Inhalte
  - Nutzung von Storys und Reels, um einen authentischen Einblick in die tägliche Arbeit zu geben
  - Reichweite durch Hashtags und visuelle Trends steigern
  - direkte Interaktion mit Followern durch Umfragen, Fragen oder Kommentare

Fallbeispiel „Blick hinter die Tafel – Facebook und Instagram“:

Facebook-Post:

📸 **Bild:** Freiwillige beim Verteilen von Lebensmitteln oder dem Abholen der Lebensmittel in Supermärkten

📢 **Ein Blick hinter die Kulissen unserer Tafel** 🍎🥖

Jede Woche packen unsere Ehrenamtlichen mit Herz und Leidenschaft an, um Menschen in schwierigen Situationen mit Lebensmitteln zu versorgen. Heute möchten wir euch **Manfred** vorstellen – er engagiert sich seit fünf Jahren bei uns und sagt:💬 *„Es erfüllt mich, zu sehen, wie aus überschüssigen Lebensmitteln eine echte Hilfe für Menschen wird. Jeden Montag fahre ich daher gerne zu den umliegenden Supermärkten und sammle Gemüse, Milchproduke und vieles mehr ein, die dann in der Tafel weitergegeben werden.“* Auch Rentnerin Andrea, die regelmäßig unsere Unterstützung in Anspruch nimmt, teilt ihre Geschichte:💬 *„Es war nicht leicht, Hilfe anzunehmen. Aber hier wurde ich mit offenen Armen und einem Lächeln empfangen.“*🙏 **Ihr könnt helfen!** Durch Spenden, Ehrenamt oder einfach, indem ihr unsere Beiträge teilt. Gemeinsam machen wir den Unterschied! 💚

Instagram-Post:

📸 **Bild:** Freiwillige beim Verteilen von Lebensmitteln, lachende Gesichter, eine Kiste voller frischer Produkte

✨ Mach den **Unterschied!** ✨

Unsere Tafel versorgt Woche für Woche Hunderte Menschen mit Lebensmitteln, die sonst im Müll landen würden. Doch es geht um mehr als Essen – es geht um **Zusammenhalt, Würde und Hoffnung.**💚 🔶 *„Ich wollte etwas Sinnvolles tun! Wir sind ein tolles Team und wir können Menschen unterstützen und gleichzeitig Lebensmittel retten!“* – Anna, Ehrenamtliche
🔶 *„Dank der Tafel kann ich meine Kinder gesund ernähren, auch in herausfordernden Zeiten.“* – Lena, alleinerziehende Mutter

➡️ **Willst du helfen?** Spende, engagier dich oder erzähl anderen von uns! Jeder Beitrag zählt.📌 Mehr Infos in der Bio! #TafelHilfe #GegenHunger #Lebensmittelrettung #EhrenamtLiebe #ZusammenStark

8.3.3 TikTok

TikTok ist die Plattform für kurze, kreative Videos und spricht vor allem eine jüngere Zielgruppe an. Sie eignet sich besonders, wenn soziale Organisationen ihre Reichweite bei Jugendlichen und jungen Erwachsenen ausbauen oder bspw. Azubis rekrutieren möchte.

- **Zielgruppe:** Besonders aktiv sind Jugendliche und junge Erwachsene zwischen 13 und 30 Jahren.
- **Inhalte:** kurze, kreative und emotionale Videos mit Musik oder Voiceover, die unterhalten, informieren oder inspirieren

- **Vorteile für soziale Organisationen:**
  - Storytelling: Durch emotionale Videos können Themen wie „Inklusion" und „Nachhaltigkeit" oder Spendenaktionen anschaulich vermittelt werden. Inspirierende und amüsante Einblicke in den Berufsalltag helfen bei der Suche nach Fachkräften.
  - Reichweite: TikTok lebt von viralem Content – mit kreativen Clips können Organisationen eine enorme Aufmerksamkeit erlangen.
  - Engagement: Jugendliche fühlen sich von authentischen und kreativen Inhalten angesprochen und treten eher in den Dialog ein.

8.3.4 LinkedIn

LinkedIn ist die führende Plattform für berufliche Netzwerke und eignet sich hervorragend, um mit Fachkräften, Unternehmen und Institutionen in Kontakt zu treten.

- **Zielgruppe:** Berufstätige, Führungskräfte und Entscheidungsträger aus Unternehmen und Organisationen; Altersgruppe: 25 bis 55 Jahre
- **Inhalte:** fachliche Beiträge, Erfolgsgeschichten, Projekte, Stellenausschreibungen
- **Vorteile für soziale Organisationen:**
  - Netzwerken mit potenziellen Partnern, Sponsoren und Fachkräften
  - Teilen von Expertenthemen, Studien und Berichten, um Kompetenz zu demonstrieren
  - Gewinnung von Fachpersonal durch gezielte Stellenanzeigen
  - Positionierung der Organisation als professioneller Akteur im sozialen Bereich

Fallbeispiel „Gewinnung von Pflegefachkräften – TikTok und LinkedIn":

TikTok-Skript zur Gewinnung von Pflegefachkräften

🎬 **Szene 1: Pflegekraft in Uniform, gestresst am Handy**
🎤 **(Voice-Over):** *„Du liebst deinen Job in der Pflege – aber fühlst dich ständig überarbeitet?"*

🎬 **Szene 2: Dieselbe Person schaut auf einen komplizierten Dienstplan und verdreht die Augen**
🎤 **(Voice-Over):** *„Schon wieder ein unmöglicher Dienstplan? Keine Zeit für Familie & Freundeskreis?"*

🎬 **Szene 3: Wechsel zu einer entspannten, glücklichen Pflegekraft im Pausenraum mit anderen Mitarbeitenden, lachend**
🎤 **(Voice-Over):** *„Es geht auch anders! Komm zu uns – hier zählen DEINE Bedürfnisse."*

🎬 **Szene 4: Pflegekraft bei der Arbeit mit einem Patienten, beide lächeln**
🎤 **(Voice-Over):** *„Mehr Zeit für echte Pflege, faire Arbeitszeiten, ein starkes Team. Klingt gut?"*

🎬 **Szene 5: Texteinblendung mit „Bewirb dich jetzt!" und Webseite/QR-Code**
🎤 **(Voice-Over):** *„Dann melde dich – wir freuen uns auf dich!"*

📌 **Hashtags:** #PflegeJobs #WirBrauchenDich #PflegeMitHerz #JobMitSinn #Teamwork

LinkedIn-Beitrag zur Gewinnung von Pflegefachkräften:

👩‍⚕️ **Pflege ist mehr als ein Job – es ist eine Berufung!** 💙

Du bist Pflegefachkraft oder auf dem Weg dorthin? Dann haben wir genau das Richtige für dich: **ein Team, das dich unterstützt, Wertschätzung, die du verdienst, und ein Arbeitsumfeld, in dem du dich wohlfühlst!**

Warum du bei uns genau richtig bist?
✅ **Zeit für echte Pflege** – wir achten auf machbare Dienstpläne.
✅ **Teamgeist, der verbindet** – bei uns zählt jede und jeder!
✅ **Weiterbildung & Entwicklung** – wir fördern deine Stärken.
✅ **Work-Life-Balance** – mehr als nur eine Floskel!

Wir wissen: Pflege ist anspruchsvoll. Deshalb sorgen wir dafür, dass du dich bei uns **nicht nur gebraucht, sondern geschätzt fühlst!**

📩 **Lust, uns kennenzulernen?** Schreib uns oder bewirb dich direkt hier: [Link zur Bewerbung]

#Pflege #Pflegefachkraft #JobmitSinn #WirBrauchenDich #PflegeJobs #Teamwork

Fallbeispiel „Jugendberatungsstelle stellt sich vor – Instagram und TikTok":

Instagram-Post

Foto: angenehme Atmosphäre, Beraterin am Telefon

Jugendberatungsstelle – wir sind für dich da!

📢 **Du hast Stress in der Schule, Liebeskummer oder wirst gemobbt?**
🙋‍♀️🙋‍♂️ Wir sind deine Ansprechpersonen!💬 Egal, ob du jemanden zum Reden brauchst oder konkrete Hilfe suchst – unsere Jugendberatungsstelle ist für dich da. Kostenlos & vertraulich!📍 **So erreichst du uns:**📞 Telefon: [Nummer einfügen]📩 WhatsApp: [Kontakt einfügen]🏡 Vor Ort: [Adresse einfügen]

✨ **Du bist nicht allein – wir hören dir zu!** ✨

#DuBistNichtAllein #Jugendberatung #HilfeBeiStress #Mobbing #Pubertät #Liebeskummer

TikTok-Skript „Du bist nicht allein!":

🎬 **Szene 1: Jugendlicher sitzt verzweifelt auf dem Bett, schaut auf sein Handy**
📢 **(Voice-Over):** *„Stress in der Schule? Liebeskummer? Probleme mit Freunden oder Familie?"*

🎬 **Szene 2: Beraterin in freundlicher Umgebung**
👩‍⚕️ *„Hey, wir sind die Jugendberatungsstelle und für dich da!"*

🎬 **Szene 3: Schnelle Einblendung verschiedener Situationen – Jugendliche in der Schule, am Handy, mit Freundinnen und Freunden**
📢 **Text:** *„Wir hören zu, helfen weiter – vertraulich & kostenlos!"*

🎬 **Szene 4: Beraterin zeigt aufs Handy**
📞 *„Schreib uns einfach eine Message oder ruf uns an. Du bist nicht allein!"*

🎬 **Szene 5: Motivierendes Schlussbild mit Kontaktinfos**

🎶 **Hintergrundmusik:** Positive, motivierende Musik

#NichtAllein #Jugendberatung #HilfeBeiStress #Liebeskummer #Mobbing #WirSindDa

8.3.5 YouTube

YouTube ist die führende Plattform für Videos und gleichzeitig die zweitgrößte Suchmaschine der Welt. Sie eignet sich besonders für soziale Organisationen, Vereine und Unternehmen, die sehr ausführlich über ihre Arbeit berichten, Wissen vermitteln oder emotionale Geschichten erzählen möchten.

Zielgruppe YouTube:

- sehr breit gefächert – von Jugendlichen bis hin zu Erwachsenen und Fachpublikum
- besonders geeignet für Menschen, die gezielt nach Informationen oder inspirierenden Geschichten suchen

Inhalte:

- längere, hochwertige Videos (ausführliche Vorstellung von Einrichtungen wie Pflegeheimen, Kitas, Beratungsstelle inkl. Interviews mit Führungskräften, Mitarbeitenden, Besuchenden usw.)
- Erklärvideos, die komplexe Themen verständlich machen, z. B. die Beantragung von Zuschüssen zur häuslichen Pflege
- Erfolgsgeschichten und Einblicke in soziale Projekte – z. B. Spendensammlungen für neue Spielgeräte in einem Hort

Vorteile für soziale Organisationen:

- Mit gut produzierten Videos können tiefere Einblicke in soziale Projekte, Fachthemen und Erfolgsgeschichten gegeben werden – von der Arbeit mit Betroffenen bis hin zu den Erfahrungen von Mitarbeitenden und Ehrenamtlichen.
- Anders als auf TikTok oder Instagram bleibt YouTube-Content lange relevant im Netz und ist auch Jahre später noch über die Suchfunktion auffindbar.
- Videos können auch auf Webseiten, Social-Media-Plattformen und bei Präsentationen genutzt und eingebunden werden.

Herausforderungen:

- **Hoher Produktionsaufwand:** Gute Videos erfordern Planung, einen professionellen Dreh und Schnitt. Ein spontan gedrehtes, „Schnappschussvideo" ist in einer Instagram-Story manchmal noch akzeptabel, da es nach 24 Stunden gelöscht wird und Spontanität auch sympathisch wirken kann. Auf YouTube wirkt sich handgemachter Content eher negativ auf das Image der sozialen Organisation, des Vereins oder Unternehmens aus.

- **Regelmäßigkeit:** Ein erfolgreicher YouTube-Kanal benötigt kontinuierlich neuen Content.
- **SEO und Interaktion:** Damit Videos gefunden werden, müssen Titel, Beschreibung, Untertitel und Keywords optimiert sein.

Fallbeispiel „YouTube-Video einer sozialen Organisation zum Thema ‚Demenz'":

YouTube-Skript „Was tun, wenn die geliebte Person dement wird? Wir stehen an deiner Seite!"

Intro (Moderator vor Kamera oder Voiceover über emotionales Bild, z. B. ältere Hand hält jüngere Hand)
„Die geliebte Person wird vergesslich, orientierungslos oder verändert sich plötzlich stark? Das kann der Beginn einer Demenz sein – und das ist beängstigend. Doch du bist nicht allein. Wir sind für dich da und begleiten dich auf diesem Weg."

🟢 **Szene 1: Die ersten Anzeichen erkennen**
📌**Texteinblendung:** *Vergesslichkeit, Orientierungslosigkeit, verändertes Verhalten – ist das schon Demenz?*
👩‍⚕️ *„Viele denken: Ach, das ist doch nur das normale Älterwerden. Aber wenn die geliebte Person öfter Dinge vergisst, sich nicht mehr zurechtfindet oder plötzlich anders reagiert, könnte eine Demenz dahinterstecken. Frühzeitige Abklärung ist wichtig!"*
➡️ **Call to Action:** *„Unsere Beratungsstelle hilft dir, die ersten Schritte zu gehen und die richtige Unterstützung zu finden."*

🟢 **Szene 2: Was du jetzt tun kannst**
📌 **Checklisteneinblendung:**
✅ Arzttermin vereinbaren
✅ Dokumente regeln (Vorsorgevollmacht, Patientenverfügung)
✅ Entlastung organisieren (Pflegedienste, Tagesbetreuung)

👩‍⚕️ *„Das klingt nach viel – aber keine Sorge! Wir unterstützen dich bei Anträgen, Dokumenten und der Suche nach passenden Hilfsangeboten."*

🟢 **Szene 3: Unterstützung im Alltag**
🎥 **Szenenwechsel:** Beraterin im Gespräch mit einer betroffenen Person
🗣️ *„Viele Angehörige fragen sich: Wie soll ich das schaffen? Die Pflege eines geliebten Menschen ist körperlich und emotional herausfordernd. Deswegen gibt es Hilfsangebote – von Beratung über Selbsthilfegruppen bis hin zu Entlastungsmöglichkeiten."*

➡️ **Call to Action:** *„Melde dich bei uns – wir hören dir zu und helfen dir!"*

🎬 **Outro (Kontaktinformationen & emotionale Abschlussszene)**
🗣️ *„Du bist nicht allein! Unsere soziale Organisation steht dir mit Rat und Tat zur Seite. Ruf uns an oder komm vorbei – wir helfen dir, deinen geliebten Menschen bestmöglich zu begleiten."*

📞 **Hotline & Webseite einblenden**
💙 *„Teile dieses Video mit anderen, die unsere Hilfe brauchen könnten!"*

🎥 **Ende.**

8.3.6 Auf einen Blick

Plattform	Zielgruppe	Inhalte	Stärken
Facebook	25–55 Jahre	Texte, Bilder, Videos	Community-Building, Veranstaltungswerbung, Austausch mit Unterstützenden
Instagram	18–35 Jahre	Bilder, Storys, Reels	visuelle Präsentation von Projekten, authentische Einblicke in die Arbeit, starke Interaktion
TikTok	13–30 Jahre	kurze, kreative Videos	reichweitenstarke Inhalte, Ansprache junger Zielgruppen, Storytelling
LinkedIn	Berufstätige, 25–55 Jahre	fachliche Beiträge, Stellenanzeigen	Netzwerken mit Unternehmen und Fachkräften, Positionierung als professioneller Akteur
YouTube	nahezu jede Altersgruppe ab 13 Jahren	längere Videos, Tutorials, Storytelling	langfristige Sichtbarkeit, detaillierte Einblicke in Projekte, hohe Glaubwürdigkeit

Abbildung 25: Überblick Social-Media-Kanäle (Quelle: eigene Darstellung)

Fazit: Richtig oder gar nicht

Eine Social Media Präsenz kostet Zeit und erfordert eine durchdachte Strategie. Es ist entscheidend, Social Media entweder professionell zu betreiben oder bewusst darauf zu verzichten. Halbherzige, unregelmäßige oder qualitativ minderwertige Beiträge schaden mehr, als sie nützen. Zudem können Regelverletzungen richtig Geld kosten, wenn bspw. Bildrechte verletzt wurden. Auch sind negative Kommentare (Shitstorms) nicht zu unterschätzen, sodass bei der Themensuche, wie bereits in Kapitel 5.1.1 gezeigt, immer mit an die möglichen Auswirkungen in der Öffentlichkeit gedacht werden sollte.

Tipp: Social Media ist kein lästiges Muss, sondern eine großartige Möglichkeit, Menschen für Ihre soziale Organisation, Ihren Verein oder Ihr Unternehmen zu begeistern. Trotz aller in diesem Kapitel genannten „Regeln" gilt: Bleiben Sie authentisch und packen Sie Social Media mit Freude an – denn genau das kommt bei den Menschen an!

9. Epilog

In einer zunehmend komplexen, medial vernetzten Welt entscheidet nicht nur *was* soziale Organisationen, Vereine und Unternehmen tun – sondern auch, *wie* sie darüber sprechen. Presse- und Öffentlichkeitsarbeit ist deshalb kein schmückendes Beiwerk, sondern ein zentrales Instrument, um Vertrauen zu schaffen, Transparenz zu leben, finanzielle Mittel zu akquirieren und gesellschaftliche Wirkung zu entfalten. Sie gibt denjenigen eine Stimme, deren Anliegen sonst vielleicht überhört werden – und sie macht das sichtbar, was im Verborgenen an Gutem geschieht.

Wer sich dieser Aufgabe mit Strategie, Kontinuität, Professionalität und Engagement widmet, schafft die Grundlage für dauerhafte Beziehungen zu Personen, die unterstützen, zu den Medien und nicht zuletzt zur breiten Öffentlichkeit. Es geht dabei nicht um Selbstdarstellung, sondern um das Erzählen authentischer Geschichten, um den Dialog und darum, Menschen zu berühren und zu bewegen.

Gelingende Kommunikation bringt Sichtbarkeit, stärkt das Profil und wirkt identitätsstiftend – nach innen wie nach außen. Sie kann Türen öffnen, Netzwerke erweitern, neue Mitarbeitende gewinnen und Ressourcen erschließen, die für die Umsetzung Sozialer Arbeit unverzichtbar sind.

Abschließend lässt sich sagen: Gute Presse- und Öffentlichkeitsarbeit ist ein „Muss" für soziale Organisationen und Unternehmen. Wer sie mit Professionalität, Kreativität, Leidenschaft und Überzeugung betreibt, wird feststellen: Öffentlichkeitsarbeit ist nicht nur eine Pflichtaufgabe – sie ist eine Chance. Eine Chance, etwas zu bewegen. Eine Chance, als soziale Organisation sichtbar zu werden und zu bleiben.

Anhang 1: Vorlage Pressemitteilung und Pressegespräch

Checkliste „Pressemitteilung"

- Im ersten Absatz (auch Lead genannt) sollte Ihre Kernaussage stehen.
- Der Text soll laienverständlich sein. Wenn Fachausdrücke unumgänglich sind, dann diese bitte erläutern. Abkürzungen sind dann erlaubt, wenn sie in Klammern hinter der ausgeschriebenen Fassung eingeführt wurden.
- Zitate lockern den Text auf. Personen immer – bei der ersten Erwähnung im Text – mit Vor- und Nachnamen, Titel und Funktion nennen.
- Umfang der Pressemitteilung: nicht mehr als zwei Seiten
- Was nicht fehlen darf: Logo der Einrichtung (Briefkopf), das Wort „Pressemitteilung", Ort, Datum, Überschriften, Absender (plus Ansprechpartner für die Presse), Hinweis auf weitere Informationen z. B. im Internet
- Bieten Sie an, dass die Einrichtung besucht werden kann und dass Experten der Einrichtung für Interviews zur Verfügung stehen.
- Wird die Pressemitteilung an ein Printmedium versandt, müssen die Fotos für den Druck geeignet sein, sie brauchen also eine entsprechende Größe (mindestens 1 MB) und eine Bildauflösung von mindestens 300 dpi.
- Bildmaterial (Porträts der Referenten) sowie von Ihnen gemachte Fotos der Einrichtung/ Veranstaltung müssen enthalten sein. (Fotoquelle angeben und Bildunterschrift anbieten (Personen auf Fotos von links nach rechts mit Titel, Vor- und Nachname und ggf. Funktion benennen))
- Am Ende der Pressemitteilung steht der Ansprechpartner für Pressefragen
- Günstig für den Versand der Pressemitteilung ist der Vormittag. In vielen Redaktionen finden ab 11 Uhr Redaktionskonferenzen statt, was davor ankommt, kann also gut berücksichtigt werden. Freitage sollte man nach Möglichkeit nicht für das Versenden einplanen.
- Sollte Ihre Einrichtung noch keinen Presseverteiler haben, dann sollten Sie diesen sukzessive aufbauen!
- Sie können etwa zwei bis drei Tage nach dem Verschicken in der Redaktion anrufen und sich erkundigen, ob die Pressemitteilung angekommen ist, ob das Thema Interesse gefunden hat und dann weitere Unterstützung anbieten.

Checkliste „Pressekonferenz/Pressegespräch“		
WAS	**STAND**	**WER**
Ort vorbereiten	• Stehtische mit Hussen bestellen • Aufbau/Treffpunkt • Getränke und Essen • Anwesenheitsliste • Roll-up • Blumen	
Einladung und PM Moderation	• Einladung geht am TT.MM.JJJJ raus • PM geht am TT.MM.JJJJ raus • Moderation übernimmt	
Fotograf		
Social Media / Intranet		
Zum Mitgeben für Medien und Gäste: Pressemappe, Give-aways		
Namensschilder		
Anmeldeliste: Journalisten Anwesenheitsliste: Journalisten		
Parkplatz		

Anhang 2: Auszug aus dem Kommunikationskodex des Deutschen Rats für Public Relations

„PR- und Kommunikationsfachleute handeln als Interessenvertreter ihrer Arbeit- oder Auftraggeber. Wie andere Berufsgruppen üben sie ihr Mandat jedoch nicht im rechtsfreien Raum aus, sondern unterliegen spezifischen Vorgaben. Zum Teil sind diese rechtlicher Natur, die mit entsprechenden Sanktionsmechanismen bewehrt sind. Über diese juristischen Vorgaben hinaus sind weitere ethische Normen erforderlich und sinnvoll, zu denen sich das Berufsfeld Public Relations im Rahmen einer freiwilligen Selbstverpflichtung bekennt."

„PR- und Kommunikationsfachleute verbreiten keine falschen und irreführenden Informationen. Sie missbrauchen das Vertrauen angesprochener Öffentlichkeiten nicht. Üble Nachrede oder das ungeprüfte Weiterverbreiten von Gerüchten sind nicht tolerierbar. PR- und Kommunikationsfachleute täuschen keine Relevanz durch Missbrauch etablierter und klar definierter Kommunikationsinstrumente vor. Für die besonders hohen Informationsanforderungen im Bereich Ad-hoc-Publizität gilt die DRPR-Richtlinie zur ordnungsmäßigen Ad-hoc-Publizität."

Zentrale Normen und Zielwerte, zu denen sich PR- und Kommunikationsfachleute verpflichten, sind:

- Transparenz
- Integrität
- Fairness
- Wahrhaftigkeit
- Loyalität
- Professionalität

Der gesamte Kodex findet sich unter: https://drpr-online.de/

Dort sind auch internationale Standards und Kodizes für die PR abrufbar, u. a.:

Code d'Athene:
https://www.ipra.org/static/media/uploads/pdfs/ipra_code_of_athens.pdf

Code de Lisbonne:
https://web.archive.org/web/20070613042947/http://www.cerp.org/codes/european.asp

Literaturverzeichnis

PR-Glossar – Die 58 wichtigsten Begriffe auf einen Blick: https://www.meltwater.com/de/blog/pr-glossar, abgerufen am 25.2.2025

„Wenn Medienarbeit flügge wird": https://reposit.haw-hamburg.de/bitstream/20.500.12738/7571/1/Anhang11_Bechmann_Vivian_2115582_BA_2016_01_28.pdf, abgerufen am 11.10.2024

Forthmann, Jörg (2008). *Praxishandbuch Public Relations: mehr Erfolg für Kommunikationsexperten.* Weinheim: Wiley-VCH GmbH

Franck, Norbert (2023). *Presse- und Öffentlichkeitsarbeit: Ein Trainingsbuch für professionelle PR.* Stuttgart, UTB

Hohmann, Andreas W. (2014). *Marketing für Soziale Arbeit und Initiativen.* Neu-Ulm: AG Spak Bücher

Rosenberg, Amy (2021). *A Modern Guide to Public Relations: Unveiling the Mystery of PR: Including: Content Marketing, SEO, Social Media & PR Best Practices.*

Tue Gutes und rede darüber:

www.euroinstitut.org/fileadmin/user_upload/07_Dokumentation/Seminardokumentation/2014/2014_10_24_HOFFMANN_Sozialwirtschaft_in_Deutschland_5.pdf, abgerufen am 12.10.2024

https://www.duisburg-business.de/fileadmin/duisburg-business/user_upload/Broschu__re_-_Branchenreport_Sozialwirtschaft_-_Stand_17.02.2022.pdf, abgerufen am 12.10.2024

Kapitel 1:

Schubert, Klaus/ Klein, Martina (2020). *Das Politiklexikon.* Lizenzausgabe Bonn: Bundeszentrale für politische Bildung. Quelle: 7., aktual. u. erw. Aufl. Bonn: Dietz, https://www.bpb.de/kurz-knapp/lexika/politiklexikon/296475/public-relations-pr/, abgerufen am 9.11.2024

https://www.gabler-banklexikon.de/definition/werbung-70568/version-347587, abgerufen am 9.11.2024

https://www.reddoxx.com/studie-email-2020/, abgerufen am 9.11.2024

https://www.wiwi.uni-wuerzburg.de/aktuelles/news/single/news/das-internet-gibt-es-seit-50-jahren-oder-doch-schon-laenger/, abgerufen am 9.11.2024

https://de.statista.com/statistik/daten/studie/151766/umfrage/anteil-der-unternehmen-mit-eigener-website-in-deutschland/, abgerufen am 9.11.2024

https://de.statista.com/statistik/daten/studie/1479000/umfrage/nutzungsdauer-von-social-media-in-deutschland-nach-altersgruppen/, abgerufen am 9.11.2024

https://www.bidt.digital/glossar/soziale-medien/, abgerufen am 10.11.2024

https://www.bidt.digital/themenmonitor/social-media-nutzung-in-deutschland-auf-neuem-hoechststand/, abgerufen am 10.11.2024

https://de.statista.com/statistik/daten/studie/151766/umfrage/anteil-der-unternehmen-mit-eigener-website-in-deutschland/, abgerufen am 10.11.2024

https://de.statista.com/statistik/daten/studie/554909/umfrage/anzahl-der-nutzer-sozialer-netzwerke-in-deutschland/, abgerufen am 10.11.2024

https://de.statista.com/statistik/daten/studie/1479000/umfrage/nutzungsdauer-von-social-media-in-deutschland-nach-altersgruppen/, abgerufen am 10.11.2024

https://de.statista.com/statistik/daten/studie/1100772/umfrage/internetnutzung-von-senioren/, abgerufen am 10.11.2024

Kapitel 2:

https://wirtschaftslexikon.gabler.de/definition/swot-analyse-52664, abgerufen am 11.11.2024

https://www.bpb.de/kurz-knapp/lexika/politiklexikon/17759/krise/, abgerufen am 11.11.2024

Kapitel 3:

https://www.ihk-muenchen.de/de/Service/Recht-und-Steuern/Urheberrecht/Copyrights-Urheberrecht-sch%C3%BCtzen-und-nutzen/, abgerufen am 13.11.2024

https://www.bmuv.de/themen/verbraucherschutz/digitaler-verbraucherschutz/impressumspflicht, abgerufen am 13.11.2024

https://www.stmi.bayern.de/assets/stmi/sus/datensicherheit/musterhinweis_f%C3%BCr_veranstaltungen.docx, abgerufen am 13.11.2024

https://it.kultus-bw.de/site/pbs-bw-km-root/get/documents_E943627440/KULTUS.Dachmandant/KULTUS/Dienststellen/it.kultus-bw/Datenschutz%20an%20Schulen%20nach%20neuer%20EU%20DSGVO/dl-formulare/Aushang%20Veranstaltungen%20Datenschutz%20Foto-Videoaufnahmen.docx, abgerufen am 13.11.2024

https://www.ihk.de/chemnitz/recht-und-steuern/rechtsinformationen/internetrecht/pflichtangaben-im-internet-die-impressumspflicht-4401580, abgerufen am 17.11.2024

https://omf.ai/lexikon/impressum-erklaerung/, abgerufen am 17.11.2024

https://www.karnetzke.de/glossar/impressum/, (abgerufen am 17.11.2024)

https://www.gesetze-im-internet.de/ddg/__5.html, (abgerufen am 17.11.2024)

https://www.fuer-gruender.de/wissen/unternehmen-gruenden/website-erstellen/impressum-erstellen/, abgerufen am 17.11.2024

Kapitel 4:

https://www.paulwatzlawick.de/, abgerufen am 20.11.2024

Fessler, Dr. Roman/ Brakemeier, Martina (2023). *Das ChatGPT Powerhandbuch.* Bregenz, Verlag Mensch

https://www.bsi.bund.de/DE/Themen/Unternehmen-und-Organisationen/Informationen-und-Empfehlungen/Kuenstliche-Intelligenz/kuenstliche-intelligenz_node.html, abgerufen am 20.11.2024

Hattenhauer, Rainer (2024). *ChatGPT & Co.* Rheinwerk Computing

Barrierefreiheit:

Webseite kostenlos auf Barrierefreiheit testen über Erweiterungstool für Chrome und Bing: axe-core, accessibility insights

https://www.aktion-mensch.de/foerderung/foerderprogramme/lebensbereich-barrierefreiheit-mobilitaet/barrierefreiheit-fuer-alle, abgerufen am 25.11.2024

https://www.bmas.de/DE/Service/Gesetze-und-Gesetzesvorhaben/barrierefreiheitsstaerkungsgesetz.html, abgerufen am 25.11.2024

Kapitel 5:

Schirrmeister, Rainer (2018). *Wie organisiere ich: Eine Pressekonferenz.*

https://www.kulturtag.bayern.de/fileadmin/user_upload/Kulturtag/Uploads/Tipps_fuer_die_Presse-_und_OEffentlichkeitsarbeit.pdf, abgerufen am 27.11.2024

Kapitel 6:

Schubert, Klaus/ Klein, Martina (2020): *Was ist eine Krise?* Das Politiklexikon. 7., aktual. u. erw. Auflage. Lizenzausgabe Bonn: Bundeszentrale für politische Bildung.

Prinz, Thomas/ Kränzl-Nagl, Renate (2024): *Krisenfestigkeit sozialwirtschaftlicher Unternehmen.* Regensburg: Walhalla

Dieselskandal:

https://www.ndr.de/nachrichten/niedersachsen/braunschweig_harz_goettingen/Die-VW-Abgas-Affaere-eine-Chronologie,volkswagen892.html, abgerufen am 29.11.2024

Kapitel 7:

https://www.walhalla.de/soziales-gesundheit/management-organisation-vereine/2349/fundraising-betriebswirtschaftliche-und-organisatorische-grundlagen-fuer-die-praxis-sozialer-organisationen?srsltid=AfmBOopHM08gOMtsrtBNXOGUaGMSPLIsrGO3tTlpp1BviBzuOFVQxpdU, abgerufen am 29.11.2024

Geben macht glücklich:

https://www.geo.de/wissen/gesundheit/20164-rtkl-forschung-warum-uns-das-helfen-gluecklich-macht, abgerufen am 29.11.2024

https://www.plantinghope.at/blog-beitrag/die-freude-des-gebens-die-neurowissenschaftlichen-gruende-fuer-wohltaetigkeitsspenden, abgerufen am 29.11.2024

Reittherapie:

https://hestura.de/was-ist-therapeutisches-reiten-reittherapie-bzw-reitpaedagogik/, abgerufen am 1.12.2024

https://www.bundestag.de/resource/blob/827938/05d9b516b330d5d22252271b51408d7d/WD-9-096-20-pdf.pdf, abgerufen am 1.12.2024

https://www.thalia.de/shop/home/artikeldetails/A1005971265?ProvID=15322705&gad_source=1&gclid=Cj0KCQiA-aK8BhCDARIsAL_-H9kfexzyHIOyiWOSlzwwbGYOWhgKU0-uT3v7JQU-_Trm-RkNnDoe4kZYaAtUYEALw_wcB, abgerufen am 1.12.2024

https://www.thalia.de/shop/home/artikeldetails/A1038031817?ProvID=15322706&gad_source=1&gclid=Cj0KCQiA-aK8BhCDARIsAL_-H9lF8LKFUeTTrDec_Q2iG4S_-2DuuQLno1kzNXx5ilNmnJjx-sPzt3ysaAjWpEALw_wcB, abgerufen am 1.12.2024

Kapitel 8:

Nutzerverhalten:

https://de.statista.com/statistik/daten/studie/559470/umfrage/marktanteile-von-social-media-seiten-in-deutschland/, abgerufen am 4.12.2024

Hilfreiche Literaturtipps für mehr Wissen:

Hüttenberend/Taubenreuther (2025): *Professionelles Fördermittelmanagement Praxishandbuch für mehr Wirkung und Effizienz, Regensburg, Walhalla*

Holtkamp/Schellberg (2023): *Finanzierung von Organisationen der Sozialwirtschaft Finanzierungsströme – Finanzgeber – Verhandlungsstrategien, Regensburg, Walhalla*

Stichwortverzeichnis